Pourquoi la philosophie ne sert à rien ?

ERIC **BRAUN**

Pourquoi la philosophie ne sert à rien ?

C'est ce qui la sauve

Institut
Carnéade

Du même auteur
chez Institut Carnéade

La Grandeur de la France, ses métamorphoses dans la Cinquième République, 2018

Eric Braun, Docteur en philosophie et Diplômé en Sciences Politiques. Il conduit des recherches dans le domaine de la philosophie politique et intervient par des consultations en stratégie et relations internationales.

INSTITUT CARNEADE
BP 90342
78003 Versailles Cedex
balague.holdings@Yahoo.fr

ISBN : 978-2-95643411-5

Institut Carneade est une marque de Balague (Holdings)
SAS-RCS Versailles Nr 800474793

Si nous disons quelque chose de bien,
c'est comme des fous ou des philosophes, au hasard[1].

---

1. Cf *Le Neveu de Rameau* cité dans *histoire de la folie à l'âge classique* p. 367.

La réponse des philosophes et du monde intellectuel

La question « À quoi ça sert ? » est la question la plus triviale, et peut être la plus servile qui soit. Si on répond : « Cela ne sert à rien ! » on dévalorise complètement la chose. Mais il ne s'agit peut-être là que d'un préjugé.

La question « À quoi sert la philosophie ? » est indiscrète. Cette matière est enseignée, par exemple, en France en classe de terminale préparant au baccalauréat. Nombreux sont ceux qui souhaitent une introduction plus précoce de son enseignement. Certains, au contraire, sont favorables pour qu'on en abandonne la transmission à ce niveau. Ces positions ont sans doute leurs raisons d'être et leurs arguments, mais en tant que telles, il ne s'agit jamais là que de simples opinions proférées sur un sujet mal maîtrisé.

Les choses ne sont cependant pas aussi simples. On pourrait penser que le rejet courant de la philosophie n'est que l'expression banale de quelques provinciaux qui ignorant l'objet dont ils parlent et ne comprenant pas les textes compliqués viennent, pour masquer leur impuissance, déclarer que cela ne veut rien dire. Il y a quelques années, un chef d'entreprise déclara ainsi, lorsqu'on lui soumit un texte du philosophe Jacques Derrida pour exprimer une réflexion, qu'il trouvait cela abscons et sans intérêt. C'était évidemment une forme d'impuissance et de conservatisme de sa part. Impuissance parce qu'il n'avait manifestement pas les outils intellectuels pour saisir la valeur du texte. Conservatisme, parce que la dimension subversive de tout texte de philosophie de qualité est de nature à remettre en cause l'ordre social où le chef d'entreprise peu cultivé, bien que francmaçon, a actuellement le beau rôle.

Affirmer dans ces conditions que la philosophie ne sert à rien peut sembler être de parti pris nul et non advenu s'il ne reflète que les intérêts les plus vulgaires : ceux des élites autoproclamées, ceux de la sphère économique et des besoins à l'âge de la société de consommation.

Il n'en va pas de même quand l'attaque ne vient plus seulement du monde économique niant l'apport de la philosophie, mais du monde philosophique lui-même. On trouve en effet de nombreux textes qui expliquent les raisons pour lesquelles la philosophie est tout à fait inutile pour le bon fonctionnement de la société. Ces textes viennent du plus profond de la philosophie elle-même et non d'un extérieur indigne et intellectuellement sans valeur.

Citons ici Platon. Ce philosophe de la Grèce antique passe pour être un défenseur de la philosophie et des philosophes. Il écrivit la plupart de ses textes sous forme de dialogues et parfois de lettres. On considère souvent dans ses écrits que le personnage de Socrate serait son porte-parole. Cela semble vrai. Mais on ne peut s'arrêter là car rien n'indique que les autres personnages des dialogues ne soient également des interprètes importants de son argumentation.

Ainsi référerons-nous dans cette approche à un passage du *Gorgias*, long dialogue portant sur la rhétorique, soit l'art de la persuasion par le plaisir et la séduction. Elle est dans une certaine mesure une attitude différente et inverse de la philosophie qui est essentiellement esprit critique. Mais, cet esprit critique peut-il aller au bout de lui-même, c'est-à-dire arriver au fondement ultime de ce qui fonde son action ? Existe-t-il une limite ? Le personnage de Calliclès énonce une position qui finalement peut être lue comme une forme d'avertissement établissant la limite de toute philosophie. L'argument dit : la philosophie est remise en cause, mais convient temporairement lors de l'adolescence. Il faut néanmoins, à un moment ou à un autre à l'âge plus avancé, revenir à la réalité. Citons le texte :

« Or c'est exactement la même chose que j'éprouve en face de gens qui philosophaillent. Quand je vois un jeune, un adolescent, qui fait de la philosophie, je suis content, j'ai l'impression que cela convient à son âge, je me dis que c'est le signe d'un l'homme libre. Et, au contraire, le jeune homme qui ne fait pas de philosophie, pour moi, n'est pas de condition libre et ne sera jamais digne d'aucune belle et noble entreprise. Mais si c'est un homme d'un certain âge que je vois en train de faire la philosophie, un homme qui n'arrive pas à s'en débarrasser, à mon avis Socrate, cet homme ne mérite plus que des coups. C'est ce que je disais tout à l'heure : cet homme, aussi doué soit-il, ne pourra jamais être autre chose qu'un sous-homme, qui cherche à fuir le centre de la Cité, la place des débats publics, "là où, dit le poète, les hommes se rendent remarquables". Oui, un homme comme cela s'en trouve écarté pour tout le reste de sa vie, une vie qu'il passera à chuchoter dans son coin avec trois ou quatre jeunes gens, sans jamais proférer la moindre parole libre décisive, efficace[1]. »

Cette déclaration se trouve dans un dialogue de Platon. Elle émet un avertissement : la philosophie, pour l'homme adulte est inutile, à la fois au niveau individuel, mais surtout au niveau collectif. On dira qu'il ne s'agit cependant pas là de la position de Platon. C'est possible ; le terrible avertissement reste néanmoins présent.

---

1. *Gorgias*, 485 c-e.

Les philosophes qui aiment se rassurer peuvent dire : finalement la position de Calliclès est une position philosophique également. La philosophie est donc sauve. Mais ce n'est là qu'une victoire à la Pyrrhus. Cette position écarte volontairement l'interprétation défavorable ; celle qui dit : la philosophie, quand on a passé un certain âge et qu'on a des décisions importantes à prendre, est une activité de marginal, de clochard, de fou et de mendiant. C'est une activité indigne. Il ne faut pas dire dans ce cas que la philosophie subsiste dans sa dénégation même, mais il faut sonner la fin de la partie. Maintenant qu'on a des décisions importantes à prendre, on passe à autre chose.

Il y a donc, à l'intérieur même du discours philosophique, ce sombre avertissement : la philosophie, c'est une activité juvénile, et ultérieurement il faut passer à autre chose. Simple question de décence et de dignité. Le fait est que la question de la marginalisation de la philosophie est première : c'est une marginalisation sociale. Diogène vivait dans un tonneau, c'est-à-dire comme un clochard. La philosophie et la figure du philosophe sont ainsi proches de la mascarade et de la folie sociale. On ne peut retirer cela à Calliclès.

Notre propos sera très simple. Il consistera à appréhender quels ont été les métamorphoses, les avatars et les transformations de la position de Calliclès au cours des époques.

Il s'agira, en premier lieu, de s'interroger sur les raisons pour lesquelles la civilisation moderne entraîne une marginalisation de la philosophie et prive cette discipline de son rôle d'explication du monde de façon légitime.

Cela nous amènera à montrer que la philosophie est inutile dans un univers de la spécialisation où les masses seules agissent. L'individu y apparaît seulement comme une illusion, pris comme la goutte d'eau dans la vague, existant tellement peu, qu'elle n'existe plus que comme un songe. Ce songe le fait tendre lui-même vers la folie.

On posera alors en dernier lieu la question de la marginalisation sociale des philosophes. Ne pouvant s'intégrer socialement qu'en étant artificiellement subventionnée par l'État qui lui offre une fonction et obtient en échange une docilité complète, la population philosophe, subversive à l'état sauvage, devient servile en acceptant un statut de fonctionnaire.

I.

Philosophie et monde moderne

*A) La mise hors jeu
du discours philosophique*

Le monde et les idées modernes changèrent beaucoup de choses dans le rapport à la philosophie. Celle-ci pouvait jusqu'alors passer pour une tentative d'explication du monde, une cosmologie dérivant d'une attitude contemplative. On peut entendre beaucoup par le terme « contemplation ». Son rapport à l'activité est extrêmement complexe à analyser dès que l'on se penche sur les philosophies de l'Antiquité, voire sur celles des plus grands théologiens médiévaux. Mais ce n'est pas véritablement ici notre propos. Ce que nous entendons par contemplation est l'idée triviale, et sociologiquement admise, d'un comportement passif, qui se contente de décrire le monde et de ne pas le travailler.

Les philosophes professionnels vont probablement protester devant une telle analyse parce que des penseurs aussi importants que Platon, Aristote, Plotin, saint Thomas d'Aquin, saint Bonaventure, pour ne prendre que ces exemples, sans doute, les plus célèbres, considéraient que la contemplation n'était pas une simple forme passive, mais que c'était au contraire le comportement le plus actif et le seul moyen d'être véritablement actif. Une position qui consisterait à dire qu'il faut passer de la contemplation à l'activité n'aurait pas de sens pour la simple et bonne raison que la contemplation est l'activité suprême à leurs yeux.

Nous n'entendrons pas cela dans cette analyse parce que ce genre de paradoxe consistant à dire « la contemplation est la forme principale de l'activité », même s'il s'agit d'une vision brillante, n'a pas été compris comme tel par les masses de gens contemplatives. Sociologiquement parlant, en Occident, l'homme cloîtré est celui qui vit dans une sorte de citadelle ou dans des monastères.

Il est celui qui ne fait rien. La conscience moderne se dresse contre cette vision des choses. René Descartes qui passe encore pour un grand philosophe dit dans son *Discours de la méthode* qu'il faut se rendre « Comme maître et possesseur de la nature » et ne pas se contenter de la contempler. Mais Descartes, philosophe prophétique par cette formule, ne fait qu'apercevoir la terre promise. Il ne pourra y entrer complètement. Il écrira aussi des *Méditations métaphysiques*, c'est-à-dire qu'il vivra encore dans l'attitude contemplative justificatrice. Quand un siècle et demi plus tard, on demandera au scientifique Pierre Simon de Laplace, qui s'est illustré en mathématiques, sciences physiques et astronomie, ce qu'il fallait penser de Dieu, il répondra qu'il n'a pas eu besoin de cette hypothèse. C'était une façon courtoise, mais ferme, de dire qu'il fallait cesser de dire n'importe quoi. Le discours philosophique devait laisser la place au discours scientifique, mais aussi et plus généralement au monde du travail.

La modernité ne se caractérise pas en effet simplement par la conscience critique vis-à-vis de la philosophie et par le passage à une forme de science qui tend de plus en plus vers une méthodologie positive, elle constitue surtout un changement important dans le monde économique : celui du remplacement de l'économie agraire par l'économie industrielle.

Ce changement s'est fait naturellement, graduellement, par différentes étapes avec le passage par l'ère des manufactures avant d'atteindre celle de l'industrie. Cette marche de l'histoire humaine est décrite par Karl Marx dans son *Capital*. Mais il ne s'agit là que d'un exemple d'histoire possible. On peut choisir des historiens de l'économie autres que Marx. Ils s'accorderont toujours pour dire que l'histoire économique du monde est passée à l'âge moderne de l'agriculture à l'industrie.

Dans le même temps la conscience des hommes a accru son attention au monde du travail et à ses mécanismes sociaux. Le grand texte philosophique de la modernité qui est en même temps un texte conservateur, la *Phénoménologie de l'esprit* (1807) de Hegel, insiste sur le développement dialectique de l'histoire du monde. Un moment a particulièrement marqué les commentateurs et lecteurs, c'est celui de la dialectique du maître et de l'esclave. Ce moment insiste sur le rôle libérateur du travail et son rôle dans le changement du monde. Il ne faisait aucun doute pour les observateurs un petit peu réalistes du cours de l'histoire que le rôle prétendument libérateur du travail relevait du pur fantasme. Jamais personne ne s'est enrichi par le travail. On ne le faisait que par la rapine ou par le capital. Karl Marx montrait que le monde capitaliste était « exploitation de l'homme par l'homme » et que les seuls gens qui s'étaient enrichis au cours de l'histoire étaient ceux qui avaient accumulé du capital. En France un homme politique comme Guizot avait déclaré « Enrichissez-vous ! », sous-entendu par le travail. Mais l'histoire avait montré que statistiquement seule la grande bourgeoisie capitaliste avait bénéficié de ce genre de politique. Guizot était-il tombé dans une illusion ou bien était-il un homme politique véreux à la solde du grand capital ? Il n'est pas possible d'être catégorique pour répondre, même si naturellement la seconde hypothèse est infiniment plus probable.

Mais alors où en est-on avec la philosophie dans ce monde moderne caractérisé par une idéologie,

POURQUOI LA PHILOSOPHIE NE SERT À RIEN ?

Nietzsche dira un « préjugé » favorable au monde du travail ? On peut dire d'une certaine manière que Karl Marx en a tiré toutes les conséquences quand il dit dans la onzième thèse sur Feuerbach :

> « Les philosophes n'ont fait qu'*interpréter* le monde de diverses manières. Ce qui importe, c'est de le *transformer*. »

Traduite en langage courant, cette phrase signifie que la philosophie ne sert plus à rien à notre époque. Mais si on retraduit ce texte en langage philosophique, on va aboutir à un magnifique galimatias qui explique qu'il s'agit ici d'un processus dialectique destiné non pas à supprimer la philosophie, mais à la renverser. L'avertissement du *Gorgias* de Platon ne sera donc jamais entendu. Le philosophe de profession, qui a donc un intérêt professionnel au moins pour qu'on ne supprime pas son gagne-pain, va nous expliquer que Marx critique certes la philosophie par cette phrase, mais qu'il la renforce par cette critique même.

Il est vrai que d'un point de vue formel la phrase de Marx est dialectique. Il y a bien une relève du concept pour qu'on passe d'un âge interprétatif, c'est-à-dire sans doute contemplatif du monde, à un âge actif de la philosophie. Pourtant il est tout aussi vrai que la philosophie ne sert pas à grand-chose dans ce processus.

Résumons-nous. La philosophie ne sert pas à grand-chose dans le monde du travail puisque ce qui y importe, ce n'est pas de contempler, mais de produire. Elle ne sert pas à grand-chose dans le monde de la contemplation théorique puisque, comme le dit Laplace, finalement, on n'a pas besoin des élucubrations philosophiques pour faire de la science.

Que reste-t-il alors pour la philosophie ? Peut-être apporter quelques explications dans les savoirs qui tentent de former des explications dans les domaines des sciences molles sociales ou politiques ? Mais le monde moderne est extrêmement cohérent dans sa réponse pour dire que la philosophie ne sert à rien. Concernant tous les domaines où les sciences dites dures ne parviennent pas à de très bons résultats, le monde moderne congédie tout de même la philosophie. Jürgen Habermas qui analyse le discours philosophique de la modernité remarque ainsi qu'à l'âge moderne, on marginalise complètement la philosophie à l'université. Cette institution était une sorte de bastion pour les philosophes où cette discipline occupait la place du roi durant de nombreux siècles. Mais à l'âge moderne, elle disparaît pour une raison simple : elle ne sert strictement à rien. Comme le dit Habermas :

> Dans le sein même de l'université, cette philosophie scolaire laisse aux sciences politiques, aux sciences sociales et à l'ethnologie le soin de donner un statut théorique à la compréhension que la modernité peut tirer d'elle-même. Par surcroît, des noms tels que Darwin et Freud, des courants tels que le positivisme, l'historicisme et le pragmatisme viennent renforcer l'idée que, dans le XIXe siècle, la biologie, la physique, la psychologie et les « sciences de l'esprit » propagent des thèmes autour desquels s'organise une conception du monde, et qui, pour la première fois, agissent sur la conscience du temps, sans avoir à recourir à la philosophie[1].

L'historien français François Dosse, dans une histoire du structuralisme, citera le philo-

---

1. *Le Discours philosophique de la modernité*, p. 63.

PHILOSOPHIE ET MONDE MODERNE

sophe Vincent Descombes qui tirera les mêmes conclusions :

> Ce projet philosophique était voué à l'échec pour une raison très simple, c'est que les disciplines savantes procèdent déjà à leur propre élaboration conceptuelle. Elles n'ont donc pas besoin d'un Merleau-Ponty ou d'un autre philosophe pour donner un sens à leur découverte. Elles travaillent déjà toutes aux deux niveaux[1].

Si on retire à la philosophie la possibilité de donner un sens au monde, on lui retire à peu près tout. Mais en vertu de quoi la philosophie est-elle plus qualifiée que les autres disciplines pour donner du sens ? En vertu de quoi est-elle plus qualifiée que le simple citoyen pour dire le sens de sa vie ? Il n'y a pas de réponse claire à cette question[2].

---

1. *Histoire du structuralisme I*, p. 58.
2. Nous en avons bien une. Mais nous la réservons pour la suite de ce propos. Il faut approfondir la question cependant et l'épuiser pour essayer de voir si la philosophie peut servir à quelque chose. Ce n'est pas certain. Nous pensons pour notre part que non. Mais sait-on jamais !

Ce qui est en tout cas certain, parce que constaté de toute part, c'est que les idées modernes sont pour la philosophie une sorte de processus de délégitimation. Le nombre d'inscriptions en faculté est en baisse constante. La raison en est simple : le circuit n'est pas professionnalisant. On ne s'intègre pas dans le monde du travail avec la philosophie ou on ne le fait que de manière artificielle en obtenant un emploi de professeur subventionné par l'État. Socialement un étudiant en philosophie qui réussit le parcours qu'on a choisi pour lui ne quittera jamais le monde de l'école. Il prétendra malgré cela donner une explication générale sur le monde du haut de son bureau d'où il dirigera une trentaine d'élèves.

Pour quelqu'un qui veut croire en l'intérêt de la philosophie pour notre monde, il doit de ce fait y avoir une certaine tendance à la mélancolie. Le prestige de la vie contemplative s'étant complètement effondré, le contemplatif n'étant vu que comme un fainéant, ce type d'homme ne sert plus à rien, même si la société peine à le reconnaître. D'un certain point de vue, il est normal qu'elle fasse ainsi puisque son principe est lui-même complètement absurde et avilissant. Il y a quelque chose de véritablement sale dans la société moderne comme Nietzsche l'avait remarqué. Le déchaînement de la production et l'absence totale d'esprit critique qui suit la libération capitalistique du discours philosophique devenu marginal entraînent nécessairement une dégradation du prestige de la philosophie. Comme le souligne Friedrich Nietzsche, la profonde bêtise immanente au déchaînement de la production converge vers la forme de nihilisme la plus plate :

> « Faire n'importe quoi plutôt que rien » – ce principe aussi est une corde qui permet de faire passer de vie à trépas toute éducation et tout goût supérieur. Et de même que cette course des gens qui travaillent fait visiblement périr toutes les formes, de même le sens de la forme lui-même, l'oreille et l'œil sensibles à la mélodie des mouvements périssent également.

Nietzsche répète ici sous une forme parodique une question philosophique fondamentale. C'est le « pourquoi existe-t-il quelque chose plutôt que rien ? » de Leibniz. Sa conviction est donc claire : le passage du monde de la contemplation philosophique à celui de l'action par le travail, c'est-à-dire le passage de la philosophie de la réflexion à la philosophie de la praxis, implique encore une philosophie. De telles convictions peuvent s'expliquer en partie par la sociologie. Nietzsche, ancien professeur d'université, ayant déclenché un tollé avec la parution de certains ouvrages et par ailleurs étant tombé malade, se retrouva dans la position d'un ancien fonctionnaire d'État percevant les allocations que Bismarck avait allouées aux personnages les plus démunis et qui en raison d'un handicap ne pouvait travailler. Sa position en faveur de l'oisiveté est, en tout état de cause, pleinement en accord avec sa position sociale. Cela ne signifie pas pour autant qu'elle se résume à cela. Le problème du travail étendu à l'universalité et fait par pure « bêtise » – bêtise qu'on trouve sous la forme de la thèse : « il faut absolument travailler sinon vous n'avez pas d'identité », ce qui est évidemment un dérivé de la conscience servile – conduit à une forme de nihilisme productiviste. On produit, mais on peine à dire à quoi cela sert[1]. La production gigantesque

---

1. De ce point de vue-là, l'ouvrage de Uderzo et Goscinny *Obélix et compagnie* produit sous une forme satyrique tous les travers de la bêtise

de non-philosophie reste la conséquence évidente de cette forme avancée de nihilisme.

Toutefois, le principe de la société de consommation est incompatible avec le développement de la société. Nietzsche qui remarquait que la philosophie était plus ou moins mise hors-jeu et qui vivait une vie de marginal posait la question de la valeur comme une question fondamentale. On pourrait se dire : la philosophie et les philosophes servent à quelque chose dans le monde moderne. Ils servent à fixer les valeurs.

---

productiviste contemporaine. Un « néarque » ressemblant fortement à Jacques Chirac, énarque par ailleurs, décide de faire en sorte que le village d'Astérix produise des menhirs à outrance. Cette production ne sert évidemment à rien et se retourne contre Rome qui a organisé le commerce en question. On peut remarquer à la fin du volume la présence de cimetières de menhirs, c'est-à-dire la production de déchets qu'on aurait évidemment évités si on n'avait pas fait n'importe quoi. Le fait que la critique passe par la bande dessinée, c'est-à-dire par des ouvrages qui, sans doute à tort, passent pour peu « sérieux », montre bien le discrédit dans lequel est tombée la philosophie. Les « décideurs », c'est-à-dire les commerciaux sortis des grandes écoles (les écoles d'ingénieurs se transforment presque systématiquement en écoles de commerce de nos jours), n'ont pas de souci à se faire. Les critiques passent ou bien pour peu sérieuses comme dans le cadre de la bande dessinée, soit pour être en décalage complet avec le monde et les préjugés et l'idéologie contemporaine comme c'est le cas avec la philosophie. Pendant ce temps, la production continue.

B) *Les philosophes voudraient, mais ne peuvent fixer les valeurs*

Il est évident que fixer les valeurs reste la chose principale dans une société de consommation. La question de la valeur apparaît ainsi comme centrale. Ce thème appartient à tous les sujets possibles et imaginables. Il apparaît d'abord en économie. Il apparaît ensuite en linguistique. Il apparaît également en philosophie. En économie, la question de la valeur est celle de la valeur ajoutée : Comment expliquer l'ajout de valeur au sein d'un processus ? On répond que la valeur ajoutée est donnée par la valeur travail, mais que la valeur d'usage, elle, est déterminée par des facteurs qui échappent complètement à la raison et relève d'une mythologie ou de ce qu'on appelle avec Karl Marx « le fétichisme de la marchandise ». Ce genre de pratiques totalement irrationnelles relevant du mode de vie tribal habite le fonctionnement de la société moderne. Celle-ci ne repose absolument pas sur les fondements de l'esprit critique comme l'école essaie de le faire croire. Elle repose même sur son absence affichée. Les grands lieux de l'espace public ont commencé à prendre une opacité complète : on ne sait tout simplement pas qui y parle. On conditionne les enfants par la publicité dès le biberon en créant toutes les conditions pour éviter qu'ils ne réfléchissent. Des publicitaires payés très cher s'emparent ainsi du désir des gens et prétendent leur donner ce dont ils ont besoin. La mascarade est ici totale et parfaitement indigne.

On pourrait se dire dans de pareilles conditions que la philosophie peut servir à quelque chose en rétablissant l'esprit critique du citoyen, faire en sorte qu'il ne se laisse pas complètement happer par les discours sophistiques. Le projet philosophique reste assez ambitieux et paraît à ce titre acceptable. Néanmoins qui peut croire que l'enseignement pendant un an de la philosophie ait une quelconque influence ? La philosophie est perdue au milieu de beaucoup d'autres matières qui, en termes de coefficients pour le baccalauréat, sont plus importantes. Les élèves s'y consacrent forcément assez peu. Un an d'apprentissage de cette matière fait que la société de consommation est à peine effleurée par cette attaque. En tant qu'instance critique la philosophie ne sert quasiment à rien.

Ce constat est un constat initial. La philosophie plonge les gens dans l'embarras avec eux-mêmes. Elle brise leur orgueil et l'image qu'ils ont d'eux-mêmes, c'est-à-dire leur fierté. Les gens pensent savoir et se rendent compte, quand ils sont pris d'assaut par le questionnement des philosophes, qu'ils ne savent pas. Leur narcissisme s'en trouve naturellement brisé. Or plutôt que d'avoir une image de soi brisée, l'homme contemporain préfère naturellement la flatterie et se poser des questions sans réelles valeurs, quitte à les tenir pour les seules exactes. Nietzsche avait parfaitement anticipé les pratiques du marketing du XXIe siècle et savait le caractère outrancièrement indigne des sociétés de consommation. Il savait de ce point de vue que cet avilissement de l'homme était ce qui guettait l'époque moderne et sa conséquence la plus probable. Décrivant la société à venir de manière minutieuse, il écrivit :

> Celui qui s'adonne au commerce s'entend à tout taxer sans le produire, à le taxer *d'après le besoin du consommateur* et non d'après son besoin personnel ; chez lui la question des questions

c'est de savoir « quelles personnes et combien de personnes consomment cela ? ». Il emploie donc dès lors, instinctivement et sans cesse, ce type de la taxation : à propos de tout, donc aussi à propos des productions des arts et des sciences, des penseurs, des savants, des artistes, des hommes d'État, des peuples, des partis et même d'époques tout entières : il s'informe à propos de tout ce qui se crée, de l'offre et de la demande, afin *de fixer, pour lui-même, la valeur d'une chose*. Ceci, érigé en principe de toute une culture, étudié depuis l'illimité jusqu'au plus subtil et imposé à toute espèce de vouloir et de savoir, sera la fierté de vous autres hommes du prochain siècle : si les prophètes de la classe commerçante ont raison de le mettre en votre possession[1] !

Nietzsche décrivait cela comme une prophétie. Aujourd'hui, il s'agit là d'une réalité. Il y a eu un renversement de toutes les valeurs au profit des classes les plus méprisables. Tout le monde s'en rend compte. Mais toute activité philosophique est tout à fait inutile pour contrer cet état de fait. Cela va de soi.

---

1. *Aurore*, paragraphe 175.

Le problème de la philosophie est donc moins celui de la vérité que celui de la fixation des valeurs. Ce ne sont que les philosophes fonctionnaires qui veulent la vérité. Les véritables philosophes veulent fixer à quelle aune on évalue une situation. Il s'agit là bien entendu d'un problème complètement différent. Le combat entre l'activité sophistique et l'activité philosophique tourne de ce fait moins autour de la question de l'être qu'autour de la question de la valeur. Comme le disait Calliclès, il ne s'agit pas d'éliminer la philosophie en tout temps. Il s'agit de fixer les valeurs. Or c'est justement ce que les philosophes ne parviennent pas à faire. Et ils ne parviennent pas à le faire parce qu'ils voudraient être des législateurs. Or c'est justement ce qui est impossible. Les philosophes fonctionnaires ne légifèrent pas, mais obéissent à la logique conformiste que leur impose l'État. Ils ne servent qu'à justifier plus ou moins l'ordre établi et non à le remettre en cause.

On pourrait dire assez curieusement que les valeurs posées par les commerçants sont des valeurs philosophiques au sens plein et entier du terme. Le commerçant veut ce que veut son époque, c'est-à-dire la mièvrerie du « bonheur du plus grand nombre ». Et incontestablement c'est ce que proposent les commerçants : tous les hommes enfermés dans la même médiocrité du désir. Ils veulent une victoire du plus grand nombre qu'ils appellent l'« universel ». Ils prétendent universelle l'admiration devant les mêmes clowns qui tapent dans un ballon de football, et dans la publicité ils prétendent fixer les valeurs. Le Crédit agricole dans un de ses slogans publicitaires dit ainsi : « Les valeurs du sport rendent plus forts. » Ce slogan qui relève naturellement de la pure bêtise et de la démagogie la plus crasse – par exemple on peut se demander si tout ce beau monde n'est pas dopé, et indépendamment de la réponse à cette question et de sa vérité ou non, le simple fait que cette question puisse paraître légitime dans à peu près tous les sports existants montre que les prétendues « valeurs du sport » ne valent pas grand-chose. On voit donc très bien comment la publicité en posant des valeurs prend la place d'une philosophie et comment en prétendant à l'« universel », c'est-à-dire la masse, elle élimine à peu près toute instance critique en posant des questions sidérantes de nullité.

La seule manière de redonner un petit peu de dignité à l'humanité dans un monde de commerçants serait donc de réhabiliter la sophistique : c'est-à-dire de poser publiquement les vraies questions et non pas les âneries récitées par des philosophes fonctionnaires. C'est ce que Gilles Deleuze, philosophe fonctionnaire à son origine, mais qui a pris la poudre d'escampette et a rejoint la faculté de Vincennes (aujourd'hui détruite parce que trop subversive aux yeux du pouvoir giscardien et des oligarques marchands de pacotille dans la presse ou les supermarchés, qui se cachent dans l'ombre), montre de façon éclatante avec sa lecture de Nietzsche : si la philosophie doit avoir une activité acceptable, c'est par sa capacité à permettre aux forces de faire ce qu'elles peuvent. Tout ce que la philosophie des philosophes fonctionnaires peut faire, c'est de servir de base idéologique aux pouvoirs. Le philosophe peut être professeur, doit être professeur, mais n'est autorisé à l'être que s'il suit les « valeurs de la République ». Il y a un tel brouillard qui entoure ces valeurs de la République que les choses restent plus ou moins incompréhensibles. La seule chose qui paraît à peu près évidente est que le professeur doit obéir bien sagement à ce qu'on lui dit de faire. Comme on lui a donné par ailleurs une femme, deux enfants et un crédit pour payer sa maison et sa voiture, on comprend que sa philosophie, s'il a l'intention d'en faire une instance critique, il doit la réserver pour lui-même[1]. C'est pourtant à cela que la véritable philosophie peut servir : c'est la position de Calliclès. La véritable philosophie, c'est la sophistique animée par la rhétorique, c'est-à-dire l'argumentation persuasive. Deleuze le dit très bien :

> Ce problème réveille une ancienne polémique, une discussion célèbre entre Calliclès et Socrate.

---

1. C'est en considérant les conditions matérielles de la condition de professeur de philosophie que l'on comprend de façon très concrète ce que Nietzsche entendait quand il faisait de la dette, le principe même de la moralité (et non pas, comme le veut la fantasmagorie kantienne, un impératif de la raison pure pratique). On comprend par la même occasion pourquoi Nietzsche était hostile à la morale des esclaves et qu'il y voyait une marque évidente de servilité. Le légendaire « devoir de réserve » des fonctionnaires français trouve sa vérité dans la formule très triviale que voici : « si tu critiques l'État, tu ne pourras plus rembourser ta bagnole et tu seras bien ennuyé pour emmener tes enfants à l'école et fais aussi gaffe à ta maison, on pourrait également te mettre dehors si tu continues de parler trop fort ». Par cette formulation, on a évidemment exposé toute la dignité de la République française et toute la liberté dont jouit la classe nombreuse des fonctionnaires.

À quel point Nietzsche nous paraît proche de Calliclès, et Calliclès immédiatement complété par Nietzsche. Calliclès s'efforce de distinguer la nature et la loi. Il appelle loi tout ce qui sépare la force de ce qu'elle peut ; la loi en ce sens exprime le triomphe des faibles sur les forts. Nietzsche ajoute : triomphe de la réaction sur l'action. Est réactif en effet tout ce qui sépare une force ; est réactif encore l'état d'une force séparée de ce qu'elle peut. Est active au contraire une force qui va jusqu'au bout de son pouvoir. Qu'une force aille jusqu'au bout, ce n'est pas une loi, c'est même tout le contraire de la loi. Socrate répond à Calliclès : il n'y a pas lieu de distinguer la nature de la loi ; car si les faibles l'emportent, c'est en tant que, tous réunis, ils forment une force plus forte que celle du fort ; la loi triomphe du point de vue de la nature elle-même. Calliclès ne se plaint pas de ne pas avoir été compris, il recommence : l'esclave ne cesse pas d'être un esclave en triomphant ; quand les faibles triomphent, ce n'est pas en formant une force plus grande, mais en séparant la force de ce qu'elle peut. On ne doit pas comparer les forces abstraitement ; la force concrète, du point de vue de la nature, est celle qui va jusqu'aux conséquences dernières, jusqu'au bout de la puissance ou du désir. Socrate objecte une seconde fois : ce qui compte pour toi, Calliclès, c'est le plaisir... Tu définis tout bien par le plaisir...

On remarquera ce qui se passe entre le sophiste et le dialecticien : de quel côté est la bonne foi et aussi la rigueur du raisonnement. Calliclès est agressif, mais n'a pas de ressentiment. Il préfère renoncer à parler. Il est clair que la première fois Socrate ne comprend pas et la seconde fois parle d'autre chose. Comment expliquer à Socrate que le « désir » n'est pas l'association d'un plaisir et d'une douleur, douleur de l'éprouver, plaisir de satisfaire. Que le plaisir et la douleur sont seulement des réactions, des propriétés des forces réactives, des constats d'adaptation ou d'inadaptation. Et comment lui faire entendre que les faibles ne composent pas une force plus forte ? Pour une part Socrate n'a pas compris, pour une part, il n'a pas écouté : trop animé de ressentiment dialectique et d'esprit de vengeance. Lui si exigeant pour autrui, si pointilleux quand on lui répond[1].

Ce long passage montre que le problème de toute la philosophie, c'est celui de la force. Il s'agit de ne pas séparer la force de ce qu'elle peut. Il s'agit d'éviter d'avoir à former des lois. Ou plutôt,

---

1. *Nietzsche et la philosophie*, p. 66-67.

c'est là le problème de la sophistique. Le problème de la philosophie au sens de l'homme de la plèbe, c'est celui d'instaurer partout des lois pour faire régner une forme de justice. On sait que Socrate était de nature plébéienne. Sa philosophie consiste à séparer l'ordre de la nature, c'est-à-dire à séparer la force de ce qu'elle peut. La philosophie est de ce fait de nature réactive quand elle agit par la dialectique : identité de l'être et du néant qui se dépasse dans un devenir, nous dit Hegel, savoir absolu en tant que réfléchi sur lui-même et par ce mouvement même relatif. À quoi cela peut-il servir ? *Grosso modo*, à rien.

On ne dévoile pas d'illusion, on ne vit pas mieux quand on fait de la philosophie. On permet juste aux forces faibles de ne pas agir. Le triomphe de la faiblesse reste toujours une forme de tristesse. C'est là une des constatations les plus évidentes de notre temps. Elle s'accompagne d'un autre truisme : le philosophe, l'homme qui ne sert à rien, reste l'homme légiférant dans nos sociétés. Pas forcément sous la forme du professeur de philosophie d'ailleurs. Beaucoup sous la forme du commerçant sans intérêt aussi. Tous ces braves gens empêchent les forces de se réaliser, séparent la société de ce qu'elle pourrait être.

Pour nous résumer donc à quoi sert la philosophie dans le monde moderne ? Probablement pas à grand-chose. Elle n'est pas utile dans le champ du savoir qui fonctionne très bien sans elle. Elle ne sert pas non plus beaucoup à fixer les valeurs qui sont désormais celles d'un monde capitaliste, comme le dit Marx, ou un monde marchand, comme le dit Nietzsche. Dans un cas comme dans l'autre, on a le même triomphe des valeurs réactives qui séparent la force de ce qu'elle peut et de ce qu'elle pourrait être. Cela est en un sens parfaitement malheureux. Mais cela dérive d'une mutation importante dans les rapports de la société à la notion de travail : ce qui a complètement changé, c'est un rapport au travail qui n'est plus dévalorisé, mais porté comme la plus haute valeur.

Le monde moderne ne supporte pas la philosophie parce qu'il ne supporte pas l'oisiveté. Il ne supporte pas que l'on puisse réfléchir et ne pas produire quoi que ce soit d'autre que de nature marchande. Il propose de ce fait une philosophie qui consiste à encenser l'idéologie dominante qui est celle de la domination par l'État de la société.

Cette confusion de la philosophie et de l'idéologie entendue comme manipulation de l'opinion publique à des fins cachées reste une opposition très classique dans l'histoire de la philosophie. On se rappelle ainsi que dans l'Antiquité, quand il a fallu différencier la sophistique de la philosophie en des termes parfaitement clairs, on s'est retrouvé dans le plus grand embarras. Platon traita, vers la fin de sa vie, de la question du sophiste dans le dialogue du même nom, mais ne parvint pas à dégager de distinction claire et valable. Il projeta d'écrire un dialogue intitulé « Le philosophe » Mais celui-ci, s'il a été écrit, nous est demeuré inconnu et n'a pas été transmis aux générations postérieures. Mais l'hypothèse la plus vraisemblable est évidemment que ce texte n'a jamais été rédigé parce que la séparation que voulait faire Platon entre les sophistes et les philosophes est quasiment impossible à établir en termes de dialectique. Si on peut la faire aujourd'hui, c'est simplement en termes décrits par Deleuze, c'est-à-dire dans le rapport entre la loi et la force. Le seul problème est que dans un tel rapport, c'est la philosophie qui apparaît comme perdante et la sophistique comme seule valable.

D'une certaine manière, on peut dire que le monde moderne retravaille l'opposition de la sophistique à la philosophie en proposant une opposition entre la conscience fausse, dont l'idéologie, l'utopie et toutes les formes d'imaginaire collectif et social font partie, et la philosophie. Mais dans l'ensemble cela n'aboutit pas à grand-chose de déterminant pour cette dernière. La même confusion entre l'être et le non-être règne à l'heure actuelle comme à l'époque de Platon lors des analyses qu'il propose dans *Le Sophiste*. D'une certaine manière cet échec initial de la philosophie à se dégager de la sophistique persiste aujourd'hui. Le philosophe, qui se rêve, à la façon d'un adolescent, d'être le héros de la vérité contre les affres du mensonge, s'aperçoit au fur et à mesure que sa carrière dans l'enseignement avance qu'il n'a fait que se battre contre des moulins à vent à la façon de Don Quichotte. Le monde moderne en lui montrant la réalité du travail le ramène à sa triste réalité : celui d'enseigner une discipline inutile, qui ne sert à rien et où on lui donne un emploi subventionné pour le préserver de sa folie. Sa folie consiste à être en inadéquation complète avec le monde du travail.

II.

Philosophie et travail, philosophie et folie.

Un homme perdu dans la masse

A) Le travail constitue la meilleure des polices

On répond volontiers à la question : Pourquoi travaille-t-on ? Eh bien, pour gagner sa vie. La réponse semble si naturelle. Elle est évidemment parfaitement vide. En toute rigueur le travail consiste dans la production de richesses pour la société, production de richesses qui est censée être redistribuée de manière équitable en fonction du mérite de chacun. Une telle position demeure moins abstraite, mais reste complètement naïve. Elle est naïve parce qu'elle consiste à croire dans le mérite et à le naturaliser, alors qu'il ne s'agit là que d'une reconnaissance arbitraire et non pas de quelque chose de naturel. Autrement dit, la redistribution de la richesse se fait à la tête du client et non pas pour des raisons motivées qui sont de toute façon impossibles à trouver. Mais il y a une seconde naïveté, peut-être plus fondamentale dans cette position : celle qui consiste à croire que le travail est utile parce qu'il produit des richesses.

Il est vrai que le travail est un facteur de production. Il semble également vrai que le travail des machines et de l'automatisation est beaucoup plus efficace pour la production que le travail humain. Mais les machines ne suppriment pas le travail. C'est peut-être parce qu'il sert encore à autre chose. Marx et Nietzsche ont formulé une thèse assez semblable sur cette question : le travail ne sert pas principalement à produire de la richesse. Cela il ne le fait jamais qu'incidemment. C'est une sorte d'effet imprévu, plutôt favorable, mais qui n'appartient pas à sa fonction principale. La fonction principale du travail est d'établir une forme de discrimination sociale entre celui qui travaille et qu'on peut discipliner et contrôler et celui qui en est soit le maître, soit celui qui en est l'exclu. Le choix est donc entre travailler et ne pas travailler : celui qui travaille est censé produire de la richesse, ce qu'il fait toujours un petit peu ; en échange de cela, il reçoit une certaine partie, d'ordinaire assez faible, de la production globale au niveau national ou de tout autre type de regroupement entre humains. Ceux qui ne travaillent pas et qui le font par libre choix reçoivent d'une part une grande partie de la richesse produite (mais ils la recevraient évidemment de la même manière si les gens ne travaillaient pas puisque les machines produisant la richesse fonctionneraient tout de même) et d'autre part bénéficient, chose la plus importante, d'une forme avancée de docilité.

La docilité, c'est l'acceptation de l'exploitation, le moment où l'être exploité accepte par son propre raisonnement son avilissement. Pour Karl Marx qui reste néanmoins toujours attaché à la liaison du travail et de la production, la production de la docilité permet au capitaliste d'accroître sa valeur ajoutée. Les analyses proposées sont en partie bonnes, mais elles restent tout de même enfermées dans le préjugé que le travail se fait en fonction de la production de richesses :

POURQUOI LA PHILOSOPHIE NE SERT À RIEN ?

« Il reste encore à savoir, dit John Stuart Mill, dans ses *Principes d'économie politique*, si les inventions mécaniques faites jusqu'à ce jour ont allégé le labeur quotidien d'un être humain quelconque. » Ce n'était pas là leur but. Comme tout développement de la force productive de travail, l'emploi capitaliste des machines ne tend qu'à diminuer le prix des marchandises, à raccourcir la partie de la journée où l'ouvrier travaille pour lui-même afin d'allonger l'autre où il ne travaille que pour le capitaliste. C'est une méthode particulière pour fabriquer de la plus-value relative[1].

La question reste de ce fait toujours celle de la plus-value. Nietzsche qui pose également la question de la valeur, non pas en économiste, mais en philosophe, montre que le travail ne sert jamais qu'à une chose : asservir les populations, non pour qu'elles produisent de la richesse, mais pour qu'elles se taisent. Le texte *Aurore* est très clair à ce sujet :

> Dans la glorification du « travail », dans les infatigables discours sur la « bénédiction du travail », je vois la même arrière-pensée que dans

1. *Le Capital*, p. 913-914.

les louanges adressées aux actes impersonnels et utiles à tous : à savoir la peur de tout ce qui est individuel. Au fond, ce qu'on sent aujourd'hui, à la vue du travail – on vise toujours sous ce nom le dur labeur du matin au soir –, qu'un tel travail constitue la meilleure des polices, qu'il tient chacun en bride et s'entend à entraver puissamment le développement de la raison, des désirs, du goût de l'indépendance. Car il consume une extraordinaire quantité de force nerveuse et la soustrait à la réflexion, à la méditation, à la rêverie, aux soucis, à l'amour et à la haine, il présente constamment à la vue un but mesquin et assure des satisfactions faciles et régulières. Ainsi une société où l'on travaille dur en permanence aura davantage de sécurité : et l'on adore aujourd'hui la sécurité comme la divinité suprême[1].

Ce paragraphe d'*Aurore* contient toute la problématique de la question du travail et de son rapport à la philosophie. Il est plus ou moins clair dans une société d'abondance comme la nôtre aujourd'hui que le travail ne sert plus qu'à cela : maintenir l'ordre public.

---

1. *Aurore*, paragraphe 173.

Et on nous dira : Et les philosophes dans tout ça ? On dira que la philosophie est de l'ordre de la rêverie. Naturellement, cela peut susciter chez les plus inconscients et les plus orgueilleux des philosophes une forme de résistance. Ils ont l'impression de produire un travail rigoureux et cohérent. Et en un sens, ils peuvent avoir raison. Mais il ne faut pas se tromper. Ce travail est d'ordre très particulier. L'argument du rêve est un argument philosophique souvent utilisé quand on pose la question de la réalité du monde extérieur. Mais on fera remarquer que cet argument est plus ou moins vide, parfaitement inaccessible et complètement hors de propos dans le monde du travail. Le forgeron ne se demande pas si son enclume existe. Il tape dessus. Il est toutefois vrai que la matière est cependant habitée par les rêves et que les forgerons, comme maîtres du feu, sont toujours apparus liés à une dimension imaginaire. Cela est incontestable. Mais il va de soi que l'homme qui travaille a « les pieds sur terre » comme on dit. Ce n'est pas un rêveur ou quelqu'un qui pose des questions proches du rêve.

On peut admettre cela comme argument. Mais on peut également se demander si la question de la réalité du monde extérieur ne se pose pas également dans le cadre de la question du travail. Le travail, surtout dans le monde contemporain où la tendance au « virtuel » est de plus en plus forte, s'effectue dans un monde frappé d'irréalité. La virtualité n'est d'ailleurs qu'une découverte pour les journalistes. Elle appartient à la réflexion philosophique de l'Antiquité avec la distinction de la puissance et de l'acte qu'on trouve chez Aristote et qui par la suite ne cesse de se répéter.

Difficile d'affronter la puissance quand on n'est pas armé conceptuellement pour le faire, quand on sort d'une école de commerce, d'ingénieur ou de journalisme. Pour cette même raison il devient de bon ton de dire que les questions philosophiques sont des rêveries. Et elles le sont. Mais elles le sont non parce que la rêverie est la négation du réel, mais parce que le réel est constitué par l'âme des songes. Difficile de distinguer rêve et réalité. Les philosophes qui ont noté le rêve comme argument permettant de douter du monde extérieur sont nombreux. On se souvient que l'argument du rêve est utilisé par le doute méthodique de Descartes, même si ce dernier ne s'y attarde pas. Parmi les philosophes les plus importants concernant l'argument du rêve, on trouve naturellement Nietzsche, mais plus encore Schopenhauer, le grand inspirateur de Nietzsche, qui montre bien la difficulté du rêve quand on veut le distinguer du réel. La vie est un songe comme l'avait dit Calderón. Mais le songe apparaît quand la conscience ne sait plus très bien où elle en est et où les événements s'enchaînent sans véritable contrôle. Il y a dans le songe à la fois le sentiment de ne plus s'appartenir soi-même et le sentiment d'être pleinement soi-même. Cette perte de contrôle qui paraît être notre expérience même, c'est le mystère même de la vie et la limite complète de la philosophie si on entend par philosophie une discipline qui aspire à la maîtrise de soi. Nietzsche donne dans un passage d'*Aurore* le point de vue sur les rêves qui sera celui de tout le XXe siècle et qui sera une constante source d'interrogation à la fois pour la psychanalyse et également pour ses détracteurs les plus féroces :

> LE RÊVE ET LA RESPONSABILITÉ. — Vous voulez être responsables de toutes choses ! Excepté

de vos rêves ! Quelle misérable faiblesse, quel manque de courage logique ! Rien ne vous appartient plus en propre que vos rêves ! Rien n'est davantage votre œuvre ! Sujet, forme, durée, acteur, spectateur – dans ces comédies vous êtes tout vous-mêmes ! Et c'est là justement que vous avez peur et que vous avez honte de vous-mêmes. Œdipe déjà, le sage Œdipe, s'entendait à puiser une consolation dans l'idée que nous n'en pouvons rien, si nous rêvons telle ou telle chose ! J'en conclus que la grande majorité des hommes doit avoir à se reprocher des rêves épouvantables. S'il en était autrement, combien aurait-on exploité sa poésie nocturne en faveur de l'orgueil de l'homme ! – Me faut-il ajouter que le sage Œdipe avait raison, que nous ne sommes vraiment pas responsables de nos rêves – mais pas davantage de notre état de veille, et que la doctrine du libre arbitre a son père et sa mère dans la fierté et dans le sentiment de puissance de l'homme ? Je dis cela peut-être trop souvent : mais ce n'est pas une raison pour que ce soit un mensonge[1].

Par la négation du libre arbitre, il y a quelque chose de la philosophie qui est remis en cause. La

---

1. *Aurore*, paragraphe 128.

philosophie est aspiration à une liberté comprise comme maîtrise de soi. Or justement, ce mouvement est ici remis en question. Ce n'est pas un hasard si Nietzsche parle du problème de la responsabilité du rêve et du problème du travail dans le même texte. Nietzsche ne croyait pas à la morale. Tout comme Spinoza, il n'y voyait qu'une traduction des pulsions et affections humaines et cette traduction était passablement fausse. Le problème est de savoir ce qu'on fait avec cette fausse traduction. Eh bien, on crée une police.

Il n'est rien de plus moralisateur que la police. Quel est le rapport de la philosophie avec la police ? Normalement il devrait être un rapport d'interrogation. Tout objet de philosophie est dans un rapport d'interrogation. Mais les deux entités, c'est-à-dire la philosophie et la police, se jalousent mutuellement quand elles font partie de l'État. Cette jalousie tient en premier lieu au fait que l'une et l'autre posent des questions. La police a néanmoins l'avantage parce qu'elle use de la violence physique, ce que la philosophie ne fait pas véritablement. Elle ne peut d'ailleurs pas le faire parce qu'une philosophie qui userait de violence physique abandonnerait son statut argumentatif, c'est-à-dire qu'elle ne serait tout simplement plus une forme de philosophie.

Mais que veut la police et à quoi cela sert-elle ? C'est là une question fondamentale de philosophie politique et morale. Toute action de la police est en effet politique ; Elle dispose du « monopole de la violence légitime ». Si leur statut de fonctionnaire invite les policiers à refuser toute implication politique dans leur action, ils frappent néanmoins en affirmant obéir aux représentants du peuple. La moralité des mœurs n'est pas la même avec ou sans police. La police veut la discipline. Elle est intimement liée au monde du travail. La police, c'est la milice, le service d'ordre qui rend le travail possible. Nietzsche avait dit que c'est le travail qui sert de police. Mais en réalité, historiquement parlant, c'est l'inverse qui est vrai : la police, c'est ce qui rend le travail possible. La police ne vise à arrêter les voleurs et les assassins que dans la mesure où les voleurs et les assassins sont ceux qui empêchent le travail de devenir monde. Michel Foucault, grand lecteur de Nietzsche – mais quel penseur indépendant ne l'était pas durant sa génération ? – et grand connaisseur de l'histoire, a finalement posé la seule question valable de la philosophie politique : « Qu'est-ce que la police ? » La question de l'État n'est même pas celle de savoir pourquoi on paie des impôts, même si comme tous les historiens le savent, la forme moderne de l'État se constitue quand on passe d'un âge où l'honneur prime à un âge où le seul problème est celui de la taxation. La question politique fondamentale, c'est comment se constitue la police et comment la police est autorisée ou non à brimer les individus quand ils menacent le travail de s'accomplir.

La question se pose en particulier avec les populations folles et c'est pour cela que Michel Foucault donne des analyses au sujet de la police dans son ouvrage *Histoire de la folie*.

> L'internement, ce fait massif dont on trouve les signes à travers toute l'Europe du XVIIe siècle, est chose de « police ». Police, au sens très précis qu'on lui prête à l'époque classique, c'est-à-dire l'ensemble des mesures qui rendent le travail à la fois possible et nécessaire pour tous ceux qui ne sauraient pas vivre sans lui ; la question que va bientôt formuler Voltaire, les contemporains

de Colbert se l'étaient déjà posée : « Quoi ? Depuis que vous êtes établi en corps du peuple, vous n'avez pas encore le secret d'obliger tous les riches à faire travailler tous les pauvres ? Vous n'en êtes donc pas aux premiers éléments de la police. »

Avant d'avoir le sens médical que nous lui donnons, ou que du moins nous aimons lui supposer, l'internement a été exigé par tout autre chose que le souci de la guérison. Ce qui l'a rendu nécessaire, c'est un impératif de travail. Notre philanthropie voudrait bien reconnaître les signes d'une bienveillance envers la maladie, là où se marque seulement la condamnation de l'oisiveté[1].

On touche avec cela un point fondamental pour notre sujet. Quelles sont ces populations qui étudient la philosophie après la période plus ou moins obligatoire de la terminale au lycée ? On peut dire d'une certaine façon que même pour les plus doués, les plus intelligents et ceux qui auront une vie sociale couverte d'honneur et seront parfaitement intégrés. (Car il y en a. Qu'on pense à l'exemple de Luc Ferry ou alors à toutes les femmes agrégées de philosophie qui épousent un

---

1. *Histoire de la folie à l'âge classique*, p. 75.

mari sorti des grandes écoles. Les sociologues le disent bien : la famille française idéale est composée d'un homme ayant fait les grandes écoles qui sont reconnues par la République et d'une femme prof. La philosophie fait très bien l'affaire comme matière à enseigner. Elle est moins ennuyeuse que les mathématiques, suffisamment mystérieuse pour conférer à la professeure une forme d'aura et elle permet de bien orienter les enfants du couple qui pourront d'ailleurs reproduire le même schéma.) Quand on n'a pas d'autres ambitions que des ambitions sociales, ce genre de vie paraît évidemment idéal, le choix de la philosophie est plutôt un choix de marginal, c'est-à-dire au sens propre, le choix d'un homme vivant aux limites de la société.

Il est le mode de vie de l'oisif. L'oisiveté est le péché capital pour la société moderne. Mais il est certain qu'il s'agit là du péché des philosophes. Il est vrai que ce péché est mal vu du grand capitaine d'industrie qui voudrait que le monde social produise de la richesse, travaille, regarde les matchs de football et boive de la bière et soit content avec ça. Mais pas de chance, il y a des gens qui n'aiment pas le football et il y en a qui l'aiment et qui ne sont pas satisfaits de cela, même en cas de victoire. Ils pensent qu'une fois que le match est fini, il n'y a plus à en parler autrement que comme un lointain souvenir indifférent. Tous ces non-conformistes sont des marginaux en leur genre. Le non-conformisme de la philosophie ne relève pas forcément du football, mais de ce bonheur qu'on tente d'imposer aux « derniers hommes » pour reprendre l'expression de Nietzsche. Peut-être qu'on tient là une définition de la philosophie : l'attitude qui consiste à refuser le bonheur imposé par les gros clowns qui prétendent nous diriger – capitaines d'industrie, publicitaires, parfois hommes politiques, même si en toute rigueur, ces derniers ne maîtrisent pas le discours public et ne font jamais qu'adapter le droit de façon à satisfaire l'intérêt des premiers. Il y a toujours quelque chose de subversif dans cette non-acceptation par la philosophie de l'ordre social imposé. Mais cela ne sert à rien. L'ordre social tient par lui-même et les masses obéissent au désir qu'on leur impose et qu'elles pensent accepter par leur libre choix.

En toute rigueur la philosophie doit commencer par la suspension des jugements pour éviter de tomber dans les préjugés. Un philosophe doit de ce fait ne pas admettre, avant examen, les règles du monde du travail et celles de la République – ces dernières sont, soit dit en passant, parfaitement opaques et on s'étonne de trouver des gens capables de s'enorgueillir d'un tel galimatias ; mais évidemment, comme le dit la sagesse populaire, « il faut de tout pour faire un monde ». L'attitude et la méthode de la philosophie, quelle que soit sa nature par ailleurs, qui consistent à ne pas accepter les us et coutumes du monde, sans examen, poussent le philosophe vers les marges. Même si ce n'est pas là le sens premier de son ouvrage, lorsqu'un philosophe comme Jacques Derrida intitule un de ses recueils d'articles *Marges*, il montre ainsi une certaine lucidité sur la question. Oui, le philosophe est marginal, pour donner en exemple Jacques Derrida ; oui, il n'accepte pas le travail compris sous sa forme moderne de productivité produisant des marchandises et vante l'oisiveté (Nietzsche) ; oui, il n'est pas à l'aise avec les désirs de la société qu'on lui impose à grand renfort de publicité – tous, de Héraclite au dernier philosophe en date connu ou inconnu. La situation contraire est négation de la philosophie.

Mais il arrive à ces marginaux de se regrouper et de constituer une masse compliquée à dissoudre. Le pouvoir en place, ivre de son conservatisme, méprise cette masse tout en étant conscient de la nécessité de la domestiquer.

Le pouvoir est toujours conservateur, c'est là sa nature. Gilles Deleuze disait à juste titre qu'il n'y a jamais eu de « gouvernement de gauche » parce que la gauche implique le mouvement et non la conservation. Les rares tentatives de gouvernement de gauche ont tourné court. En France la seule politique de gauche qui ait été mise en place l'a été de 1981 à 1983. Après quoi, les forces conservatrices ont repris le « pouvoir », ce qui a été qualifié de « tournant de la rigueur », slogan qui cache mal un certain manque d'ambition politique. Les élections de François Hollande ou d'Emmanuel Macron n'ont évidemment pas mené à des politiques de gauche. Le premier qui clamait son appartenance à ce mouvement n'a pas véritablement été pris au sérieux dans ce domaine. D'un point de vue strictement politique, il est celui qui a maintenu le plus longtemps l'état d'urgence en France. Cette restriction des libertés n'a pas beaucoup ému les philosophes qui avaient autre chose à penser sans doute. Quant à Emmanuel Macron qui clame lui, non son appartenance à la gauche, clameur qui serait complètement absurde pour ce néolibéral conservateur, mais un lien fort avec la philosophie. Il a trouvé chez Paul Ricœur une prétendue apologie de l'idéologie qui, en fait, n'existe pas chez le philosophe en question. Pour ce dernier l'idéologie a toujours une forme pathologique dont il faut se méfier, par ailleurs, elle ne peut être féconde qu'en tant qu'un des pôles de l'imaginaire social ; l'autre pôle étant le pôle utopique, complètement ignoré du Président actuel. Ce dernier ne dispose pas des outils d'une formation adéquate pour proposer une société alternative. Il ne fait que donner à la société française les moyens politiques de conserver sa hiérarchie dans la tempête des transformations technologiques, comme la « révolution numérique » ou la robotisation à outrance, et idéologiques, comme avec les positions religieuses des classes opprimées musulmanes qui se radicalisent et deviennent violentes en réaction. La prétendue profession de foi sociale qui dit que l'ordre de la société ne doit pas être déterminé par l'héritage mais par le talent n'est évidemment qu'un leurre. En premier lieu, elle ne prétend pas abolir les inégalités, mais veut au contraire continuer à les creuser avec une justification différente. Mais on peut douter, par ailleurs, de la différence de la justification. On va très vite s'apercevoir d'un point de vue social que ce seront toujours les mêmes classes qui se maintiendront au pouvoir. La justification du savoir par l'école et le système scolaire et l'université prétend être une justification par le talent. Mais on sait bien toute l'hypocrisie qui est contenue ici. Il n'est pas de politique plus conservatrice que celle de la prétendue substitution de l'héritage par le « talent ». Cette notion de talent est d'ailleurs suffisamment vague pour qu'elle n'ait à peu près aucune référence.

Dans ce climat assez compliqué entre philosophie et pouvoir politique, on voit que l'une s'adresse aux individus et que l'autre essaie d'imposer son bonheur à la masse. Il y a ici un conflit concernant l'esprit critique. La philosophie valorise l'esprit critique individuel, le politique considère que la masse a toujours raison. Mais la masse n'est pas la somme des esprits critiques individuels. Elle est d'une autre nature. Ses désirs sont souvent irrationnels.

Il y a de ce point de vue une sorte d'opposition principielle de la philosophie et de la démocratie. Cela peut d'ailleurs paraître assez curieux en un sens. La propagande scolaire des États démocratiques essaie d'expliquer que la démocratie est le meilleur des régimes. Cela peut paraître normal. L'argumentation donnée vaut ce qu'elle vaut et n'est certainement pas plus mauvaise qu'une autre. Elle est même probablement meilleure que les autres. Elle se heurte cependant à une difficulté qui est plus ou moins reconnue par les analyses philosophiques et qui peut être énoncée ainsi :

> Ce phénomène constitue à mes yeux le second niveau du phénomène idéologique. Je le caractérise par la notion de légitimation et non plus par celle de dissimulation comme dans le niveau précédent. J'insiste encore une fois sur la nature du phénomène. Nous pouvons le soupçonner, et il faut sans doute toujours le soupçonner ; mais nous ne pouvons pas l'éviter ; tout système d'autorité

implique une requête de légitimité qui excède ce que ses membres peuvent offrir en termes de croyance. À cet égard, il serait intéressant de discuter les théories les plus fameuses du contrat social de Hobbes à Rousseau : chacune implique à un moment donné d'une histoire d'ailleurs fictive un saut par lequel on passe de l'état de guerre à la paix civile par une sorte de dessaisissement. C'est ce saut qu'aucune théorie du contrat social n'explique : il implique en effet la naissance d'une autorité et le commencement d'un processus de légitimation. C'est pour cela que nous n'avons aucun accès à ce degré zéro du contrat social de quelque façon qu'on puisse le nommer. Nous ne connaissons que des systèmes d'autorité qui dérivent de systèmes d'autorité antérieurs, mais nous n'assistons jamais à la naissance du phénomène de l'autorité[1].

Le problème du discours politique, c'est qu'il ne relève jamais de la philosophie si on entend par philosophie une justification par une argumentation rationnelle. Il relève au contraire d'une idéologie, c'est-à-dire d'une justification par un système symbolique et un imaginaire dont le

---

1. *Du texte à l'action*, p. 423.

statut rationnel vacille à un moment ou à un autre. On voit donc comment Paul Ricœur, inspirateur incompris du président de la République, égare ce dernier dans des interprétations hasardeuses. Ainsi, l'idée avancée récemment d'une légitimation du processus social par le « talent » plutôt que par l'autorité relève de la pure bêtise[1]. De façon plus profonde, c'est tout le discours de la philosophie politique qui est impossible si on entend par là l'idée d'une justification du pouvoir par des moyens rationnels. La philosophie ne sert strictement à rien dans ce domaine. Un publiciste en vogue, parfait déficient intellectuel, sera toujours plus utile à un homme politique qu'un Jacques Derrida, un Paul Ricœur ou un Gilles Deleuze. C'est que par ses images, il influe sur les masses et donc sur les statistiques. Cette irréalité

---

1. De ce point de vue, Gilles Deleuze et Paul Ricœur qui ne s'aimaient pas beaucoup dans leur démarche intellectuelle se rejoignent. La question de la bêtise est une question transcendantale. Il s'agit de savoir comment la bêtise est possible *a priori* comme l'indique l'ouvrage *Différence et répétition*. Mais le rôle de la philosophie est évidemment de combattre la bêtise et non pas de l'applaudir. Comme dit Paul Ricœur, un tel combat est vain et la bêtise triomphe toujours à la fin. On comprend de ce fait que la philosophie ne serve à rien. On aurait pu laisser faire : de toute façon, cela aurait été pareil.

mathématique que sont les statistiques est la seule réalité qui compte.

La démocratie apparaît ainsi comme un régime politique qui prétend se justifier en raison, mais qui pour des raisons principielles n'est pas en mesure de justifier pleinement son autorité. On voit donc la nécessaire réhabilitation de la rhétorique, c'est-à-dire aussi de la sophistique pour aboutir à une compréhension de la démocratie. La sophistique a pu trouver dans certains textes philosophiques une forme de réhabilitation. *La Rhétorique* d'Aristote qui parle de l'art de la persuasion s'occupant des objets de la prudence opposé à l'activité scientifique produisant la conviction, c'est-à-dire une preuve indubitable et incontestable, semble accorder que la sophistique a le droit à la parole. Mais il s'agit d'un pis-aller accordé. La sophistique prend toute la place. La bêtise[1], que l'on trouve chez les

---

1. La « bêtise » n'est pas ici une question individuelle ou personnelle. Elle revient constamment sous les traits du pouvoir. Flaubert pouvait la dénoncer à son époque, Gilles Deleuze à la sienne. Dénoncer une institution comme faisant preuve de « bêtise », c'est avancer une forme d'esprit critique. Flaubert eut des problèmes avec les autorités pour

politiciens au pouvoir, les journalistes séniles en place, les Pécuchet contemporains de la vie intellectuelle, reste toujours aux commandes. Mais elle pressent toujours qu'il y a un petit danger à maintenir cette population philosophique résiduelle qui selon l'expression de Nietzsche « veut faire du tort à la bêtise ». D'où un embarras politique : d'un côté on ne peut tolérer les forces de contestation et de l'autre, comme celles-ci se présentent comme un moyen de lutter contre la bêtise, elle ne peut pas être combattue officiellement. Il faut employer d'autres moyens.

Quoi qu'il en soit on voit bien que la démocratie n'est pas ce régime exemplaire pour la philosophie. Elle en est même l'exact contraire. Le philosophe s'adresse à l'âme de l'individu, la démocratie est le régime de la masse. La contradiction est absolue. Elle mérite qu'on rappelle quelques faits à son sujet. D'une part les grands

---

cela, mais il est maintenant reconnu par la République. Nietzsche n'en eut pas. Il avait été pourtant virulent à l'encontre de Bismarck. Gilles Deleuze n'eut semble-t-il pas de problème. La dénonciation de la bêtise est toujours liée avec une dénonciation de sophistique, c'est-à-dire d'un discours qui se veut persuasif.

philosophes, auteurs d'œuvres métaphysiques et de philosophies politiques de première importance, ne considéraient pas ce régime comme le meilleur. Platon considérait ainsi que la démocratie était la dernière dégradation de la forme étatique avant la tyrannie. Aristote, conformément à sa méthode, décrivit diverses formes de démocratie, mais il préférait définitivement la monarchie comme type de régime. Ou en tout état de cause, s'il fallait s'y résoudre, il faudrait préférer à la démocratie au sens strict une forme mixte entre démocratie et oligarchie afin d'éviter de tomber dans une trop grande démagogie. Le sociologue Alexis de Tocqueville, pour sa part, décrivit la démocratie comme cette sorte de régime qui conduit à la fiction du « bonheur pour tous ». On se souvient de la description dans son texte le plus célèbre :

> Au-dessus de ceux-là s'élève un pouvoir immense et tutélaire, qui se charge seul d'assurer leur jouissance et de veiller sur leur sort. Il est absolu, détaillé, régulier, prévoyant et doux. Il ressemblerait à la puissance paternelle si, comme elle, il avait pour objet de préparer les hommes à l'âge viril ; mais il ne cherche, au contraire, qu'à les fixer irrévocablement dans l'enfance ; il

aime que les citoyens se réjouissent, pourvu qu'ils ne songent qu'à se réjouir. Il travaille volontiers à leur bonheur ; mais il veut en être l'unique agent et le seul arbitre ; il pourvoit à leur sécurité, prévoit et assure leurs besoins, facilite leurs plaisirs, conduit leurs principales affaires, dirige leur industrie, règle leurs successions, divise leurs héritages ; que ne peut-il leur ôter entièrement le trouble de penser et la peine de vivre ?

La généalogie de ce passage de la prétendue démocratie à la tyrannie de quelques-uns, le rapport prétendu du père à ses enfants, l'infantilisation du peuple, alors qu'on prétend que c'est lui le souverain : ce sont là les marques de la démocratie contemporaine. Le pouvoir y aime les masses qu'il peut former à sa guise en les maintenant dans un état infantile. Mais la démocratie n'a jamais trop aimé les individus. Karl Jaspers, auteur d'une analyse sur la grandeur en philosophie, rappelle ces faits :

> Socrate reste inséparablement uni à l'État de son origine, à l'État de Solon, des guerres contre les Perses, de Périclès, à l'État dont les lois sont immémorialement fondées et de plus

en plus consolidées, par lesquelles seule sa vie est possible. D'où sa fidélité aux lois. Il refusa, au procès des Arginuses, de faire émettre le vote, étant donné que celui-ci, dans les conditions données, était illégal. Il refusa d'échapper, en fuyant de la prison, aux lois qui subsistaient en tant que telles, même quand l'injustice était perpétrée sous leur caution. La tyrannie des Trente lui interdit l'enseignement, la démocratie le fit mourir[1].

La démocratie peut ainsi être vue comme ce régime qui dévore les individus pour faire le bonheur sans ambition des masses. On a là en tout cas un bel exemple de dérive politique à des fins illégitimes et cet exemple, comme souvent, se déroule dans un contexte démocratique.

Cet exemple assez gros permet de voir que la philosophie pose toujours un problème au pouvoir. Dans un cadre démocratique, le problème pour le pouvoir est de faire en sorte que les philosophes, individualistes par nature, ne se regroupent pas en

---
1. *Les Grands Philosophes I*, p. 140-141.

masse, ne fondent pas de collectivité contestatrice. En d'autres termes, il faut éviter l'emballement et l'effervescence philosophique.

*B) Emballement et effervescence :
de cette philosophie qui devient dangereuse
pour la bêtise et comment la combattre*

Spinoza avait probablement raison. Le but de la philosophie, c'est de donner de la joie, de rendre la vie plus vivante en comprenant mieux le monde par son travers. On cherche à mieux comprendre par la philosophie. Et mieux comprendre, cela crée une sorte d'effervescence. Il y a des périodes de l'histoire où il y a un mouvement de pensée important. Par exemple au moment de la Réforme luthérienne, au moment de la Révolution française ou de la Révolution russe. La situation de crise entraînait la nécessité de prendre une décision. Il pouvait y avoir une sorte d'emballement intellectuel. L'historien Lucien Febvre avait analysé une forme d'emballement intellectuel à l'époque de Rabelais. L'œuvre rabelaisienne créait une forme d'effervescence dans le cadre de la réforme en général. Mais cette effervescence se fait toujours dans un cadre où il y a un choix à faire, une liberté à créer. Or, ainsi que le souligne Maurice Merleau-Ponty qui commente l'œuvre de Lucien Febvre, on n'a pas toujours le choix. Il y a des moments où la philosophie ne dit rien, ne sert à rien. L'histoire entendue comme histoire de la compréhension et de la mécompréhension de soi, qui en même temps est histoire des actions, est menée à la fois par des actions et des grandes périodes de silence. S'il n'y a pas toujours de grande philosophie à un moment donné de l'histoire, c'est tout simplement parce que certaines périodes sont creuses et ne parviennent pas à créer de nouvelles compréhensions d'elles-mêmes. Si on se place dans le langage de Febvre, on peut dire qu'il y a une effervescence quand « l'outillage mental » d'une époque change. Mais tout cela vient s'inscrire dans une dialectique de la structure et de l'événement. Le but, c'est d'avoir une structure de compréhension adéquate à son monde. C'est ce que Spinoza avait vu quand il parlait de la joie de la compréhension. On s'aperçoit finalement que tout évolue et que la philosophie sert finalement à améliorer les outils de la compréhension. Il y a des idées vraies ; simplement il faut se donner les moyens intellectuels de les trouver. C'est ce que Spinoza se disait quelques siècles avant le nôtre : le but, c'est juste d'améliorer notre outil de compréhension. Il s'agit toujours de réformer l'entendement ou améliorer les marteaux comme il le disait dans les paragraphes 30 et 31 du *Traité* :

> Il en est de la méthode comme des instruments matériels, à propos desquels on pourrait faire le même raisonnement. Pour forger le fer, il faut un marteau, mais pour avoir un marteau il faut que ce marteau ait été forgé, ce qui suppose un autre marteau et d'autres instruments, lesquels à leur tour supposent d'autres instruments, et ainsi à l'infini. C'est bien en vain qu'on s'efforcerait de prouver, par un semblable argument, qu'il n'est pas au pouvoir des hommes de forger le fer.
> *31.* Au commencement, les hommes, avec les instruments que leur fournissait la nature, ont fait quelques ouvrages très faciles à grand-peine et d'une manière très imparfaite, puis d'autres ouvrages plus difficiles avec moins de peine et plus de perfection, et en allant graduellement de l'accomplissement des œuvres les plus simples à l'invention de nouveaux instruments et de l'invention des instruments à l'accomplissement d'œuvres nouvelles, ils en sont venus, par suite

de ce progrès, à produire avec peu de labeur les choses les plus difficiles. De même l'entendement par la vertu qui est en lui se façonne des instruments intellectuels, au moyen desquels il acquiert de nouvelles forces pour de nouvelles œuvres intellectuelles, produisant, à l'aide de ces œuvres, de nouveaux instruments, c'est-à-dire se fortifiant pour de nouvelles recherches, et c'est ainsi qu'il s'avance de progrès en progrès jusqu'à ce qu'il ait atteint le comble de la sagesse.

À quoi sert la philosophie ? À réformer et améliorer l'entendement, c'est-à-dire améliorer le fonctionnement des marteaux. Fait-on la philosophie seul ? Non, ce sont les collectivités qui créent les marteaux. C'est justement là que le problème se pose pour le pouvoir en place. On peut fabriquer des marteaux, mais il faut éviter qu'une communauté ne s'agrège à cette création des marteaux. C'est que les créations de marteaux ont des vertus contestatrices et le pouvoir n'aime pas ces vertus.

Mais toutes les époques ne sont pas faites pour créer des marteaux. Le philosophe est toujours à l'écoute de son époque : à l'écoute de la science dont il veut déterminer si elle apporte ce qu'elle prétend apporter, c'est-à-dire le vrai ; à l'écoute de la politique pour voir si elle ne dérive pas, mais dans ce cas son impuissance est totale ; à l'écoute de l'économie pour essayer de voir comment fonctionne le système des besoins de l'espèce humaine ; à l'écoute de la religion, c'est-à-dire des déterminations de l'homme au sacré et de sa séparation du monde profane ; à l'écoute de la société dans son ensemble dont il veut déterminer la destinée.

Mais être à l'écoute consiste à s'enfermer dans une forme de passivité qui n'engendre aucune activité. Toutefois on peut se demander si la passivité philosophique est toujours passive. Cette passivité n'est-elle pas une forme de préparation d'une ère nouvelle, ère préparée sourdement par le déplacement tectonique de grosses masses ? Pour le pouvoir en place, il faut toujours surveiller ce qui se passe dans cette masse générale que constitue ce ramassis de « tarés » que sont les philosophes. Il faut neutraliser les grosses masses qui avancent de façon sourde sinon on risque de se trouver en face du problème principal : celui où les masses humaines peuvent se rendre compte qu'en fin de compte elles ne sont pas enfermées dans la logique d'un système, mais qu'elles ont toujours la possibilité de renverser ce système. Non, décidément, pour le pouvoir en place, il est préférable que les philosophes ne soient pas dans une sorte d'euphorie effervescente, ils menaceraient ce qui fait l'essence politique en son essence, le conservatisme. Maurice Merleau-Ponty a très précisément décrit cette logique de déplacement des masses tectoniques dans ses cours au Collège de France :

> Les productions viennent cristalliser sur structure donnée du monde. Toute « intention » historique est lourde. Ce n'est qu'à certain moment qu'on a décision, choix, option, non à chaque instant. Il y aurait quelque chose de faux à réclamer pureté idéologique absolue qui n'existe que pour les autres.
>
> Ceci ne veut pas dire en même temps qu'il n'y ait pas de coupures, de changement, d'écart. Simplement, ils ne sont pas toujours les plus déclarés. Ce sont mutations dialectiques, virages, changements à apprécier dans le contexte. Il y a le poids de tout ce qui est là, tacitement accepté, figé par le langage, l'outillage mental. Mais il n'empêche pas qu'il y ait poussée et qui prépare

le changement de l'outillage : le langage « barrage », mais par là préparant masse active[1].

Si l'outillage mental est similaire à une idéologie comprise comme image du monde conservatrice légitimant le pouvoir en place, il ne s'agit pas que des masses d'intellectuels rompent les barrages par leurs questions indiscrètes comme cela se produit à certains moments de crise de l'histoire.

Ces moments d'effervescence existent au cours de l'histoire. Il y a des œuvres de philosophie qui donnent à penser pour des siècles à partir de problèmes très concrets. L'œuvre d'Emmanuel Kant est un exemple intéressant à ce sujet. Cet auteur crée à la fin du XVIIIe siècle une philosophie des facultés. Par cette philosophie est posée une question : « Comment un jugement synthétique *a priori* est-il possible ? » Cette question et cette philosophie vont créer une forme d'emballement intellectuel qui va toucher des auteurs comme Hegel, Fichte, Schelling, Hölderlin, Schopenhauer et, par

---
1. *L'Institution, la passivité*, p. 113-114.

écho à ce dernier, Nietzsche, puis le mouvement néokantien d'un côté, et Martin Heidegger de l'autre. La liste n'est évidemment pas exhaustive et l'effervescence créée par l'idée de synthèse dans un pays qui était divisé à l'époque, mais qui ne savait absolument pas comment se réunir, produisit un enthousiasme intellectuel sans précédent. D'une manière générale, l'un des problèmes était celui de la compréhension. Dans les analyses qu'il faisait de ce qu'il appelait les « antinomies de la raison pure », Kant remarquait que la raison, c'est-à-dire les doctrines philosophiques se faisaient la guerre. Se faisant la guerre, elles ne pouvaient pas être en paix et se réunir. Il fallait donc comprendre les idées. Il y avait donc un travail de compréhension herméneutique à faire. Emmanuel Kant est très clair dans sa formulation à ce sujet. Parlant des idées en général, il dit ainsi :

> Je remarque seulement qu'il n'y a rien d'étrange à ce que, soit dans l'entretien familier, soit dans les écrits, on arrive en confrontant les pensées qu'un auteur exprime sur son objet, à le comprendre mieux qu'il ne s'est compris lui-même, faute d'avoir suffisamment déterminé son concept et

pour avoir été conduit ainsi à parler ou même à penser contre son intention[1].

Le problème est véritablement un problème de compréhension. Il s'agit de construire de meilleurs marteaux ou de meilleurs concepts que les prédécesseurs en les reprenant. Il s'agit de comprendre mieux ou en tout cas différemment et de manière plus affûtée. On voit que le problème de la compréhension est central. La compréhension de la raison pure par Kant donna lieu à de multiples interprétations. Son objet était clairement celui de la détermination des limites des facultés en vue de rendre compte des jugements synthétiques *a priori*. L'enthousiasme venait de la synthèse car c'était elle qui était à faire dans le champ de la raison. C'était elle également qui devait déterminer le champ politique : le problème était de savoir comment fonder une paix perpétuelle sur la raison. Ce problème apparemment très abstrait de la raison et en apparence éminemment technique avait tout de même une application directe dans le monde politique germanique : faire une

---

1. *Critique de la raison pure*, B 370.

synthèse de ce qui est épars. Kant avait par sa philosophie ouvert une voie et un problème qui dura plus d'un siècle. Naturellement la catastrophe nazie a par la suite montré qu'aucune philosophie ne peut prévenir la barbarie quand la situation de crise est intenable. Mais le fait qu'Eichmann se soit réclamé de Kant n'est pas un véritable argument pour autant. Le philosophe avait ouvert une voie vers la paix. Il n'est pas responsable des mécompréhensions qu'on a faites à son sujet.

Le point principal n'est cependant pas celui-là. Ce qui est intéressant, c'est de voir qu'un philosophe puisse, par sa philosophie, apparaissant abstraite au non-averti, avoir une influence très concrète, y compris sur le plan politique. L'unification de l'Allemagne ne se fit naturellement pas directement par l'œuvre de Kant. Elle se comprend d'abord par un contexte politique qui tenait à l'effondrement des valeurs d'un ancien monde, dont Napoléon, comme le dit Nietzsche, était probablement le dernier des représentants exemplaires :

> Napoléon, qui voyait dans les idées modernes et, en général, dans la civilisation, quelque chose

comme une ennemie personnelle, a prouvé, par cette hostilité, qu'il était un des principaux continuateurs de la Renaissance : il a remis en lumière toute une face du monde antique, peut-être la plus définitive, la face de granit. Et qui sait si, grâce à elle, l'héroïsme antique ne finira pas quelque jour par triompher du mouvement national, s'il ne se fera pas nécessairement l'héritier et le continuateur, au sens positif, de Napoléon : – lui qui voulait, comme on sait, l'Europe unie pour qu'elle fût la *maîtresse du monde*[1].

Ce rêve, qui était peut-être le rêve de Nietzsche lui-même, devait avorter pour que l'Allemagne s'unisse et devienne une entité politique nationale. On peut certes faire de Napoléon une sorte de philosophe, et Nietzsche ne se prive pas de ce genre d'évaluation dans la mesure où il peut y voir une des figures de ce qu'il appelle le « surhomme », même si, comme il le concède dans la généalogie de la morale, ce « surhomme » se synthétise également avec de l'« inhumain ». Toutefois, on est d'abord porté à croire que Napoléon était surtout un militaire qui a eu une vie politique grandiose

---

1. *Le Gai Savoir*, paragraphe 362.

avant d'être un philosophe. La vie politique se fait d'abord par l'action politique, cela va de soi. Toutefois elle se fait toujours dans un contexte intellectuel où les philosophes ont parfois leur rôle à jouer. Et il est très probable que l'œuvre philosophique majeure, qui à la fois dominait, mais aussi hantait cette période, fût l'œuvre critique d'Emmanuel Kant. Cette œuvre dominait parce que tous les grands penseurs ne purent devenir grands que par rapport à lui. Impossible de comprendre l'œuvre de Hegel sans Emmanuel Kant, impossible également de comprendre celle de Schopenhauer. Mais cette œuvre hantait aussi la période parce qu'il est impossible de trouver des personnages plus opposés que Hegel et Schopenhauer. Pour le dire de manière caricaturale, au « tout est rationnel » de Hegel s'oppose le « tout est irrationnel » de Schopenhauer[1]. Le fantôme de la philosophie de

---

1. Il va de soi que ces formules sont parfaitement outrancières et caricaturales si on analyse précisément les œuvres. Ces slogans ont cependant l'avantage de donner une sorte de tonalité qui permet de lire les œuvres. Il est difficile de dire quelles étaient les positions exactes de Hegel parce qu'il niait la validité du principe de non-contradiction dans le champ spéculatif et qu'il pouvait déclarer tout et son contraire. Il y a bien un « hégélianisme de droite » incarné par exemple par la constitution de la Cinquième République en France et un hégélianisme

POURQUOI LA PHILOSOPHIE NE SERT À RIEN ?

Kant est bien là. Mais on ne peut déterminer quelle interprétation choisir. Le choix relève-t-il d'une simple question de goût individuel ? C'est peut-être le cas. Mais pour des philosophes rationalistes qui veulent donc tout fonder en raison autant que c'est possible, c'est là une position inadmissible.

Dans ce contexte on peut sans doute dire que certaines idées philosophiques peuvent avoir une incidence dans l'histoire politique. Pour le pouvoir en place, c'est assez gênant parce que cela signifie qu'il doit surveiller ces philosophes qui ne servent probablement à rien, mais qui peuvent, malgré tout, en quelque occasion, soit accompagner l'histoire en la rendant consciente d'elle-même, ce qui n'est pas forcément très grave, soit la faire pivoter, ce qui est considérablement plus gênant.

Pour le pouvoir, il est donc nécessaire d'agir et le pouvoir agit comme il sait le faire : en répon-

---

de gauche dont le marxisme est un des avatars. Donc chez Hegel, on a à peu près tout. Mais dans l'ensemble, il s'agit tout de même de philosophies qui se réclament de la raison. Chez Schopenhauer, même s'il y a des analyses très poussées du principe de raison, celui-ci semble ne projeter sur le monde qu'un voile d'illusion.

dant de manière administrative. Le danger pour les politiques est que les philosophes parviennent par leur questionnement à former une masse. Cela se produit parfois avec une personnalité charismatique comme Jean-Paul Sartre dont François Dosse nous dit, dans le premier tome de son *Histoire du structuralisme,* qu'« il avait eu, dès la Libération, un retentissement particulier en faisant descendre la philosophie dans la rue[1] ». Mais comme l'histoire l'a montré, ce genre de masse qui voit une alliance du peuple avec un philosophe ne dure pas. Le cas contemporain de Michel Onfray ne semble, dans ce cadre-là, qu'être la répétition comique et parodique du cas Jean-Paul Sartre, Michel Onfray étant l'alliance d'une masse et d'un philosophe simplement avec *L'Être et le Néant* en moins. Plus gênant pour le pouvoir est d'être confronté à une masse de philosophes ou d'intellectuels experts en leur domaine, s'agrégeant les uns aux autres pour produire un discours commun. C'est sans doute ce qui a pu se passer au siècle des Lumières avec la constitution du projet encyclopédique, lequel a pu avoir une influence sur le déclenchement de

---

1. *Histoire du structuralisme I*, p. 19.

la Révolution de 1789. Même si l'Encyclopédie ne fut pas la raison décisive de la Révolution, le problème de la banqueroute financière conduisant à l'épineuse question « Qui doit payer ? » et provoquant la convocation des états généraux est un facteur bien plus solide pour amener un pays à se décomposer et à rêver d'une recomposition sous une autre forme que le discours des philosophes – Il fut un des facteurs d'effritement de la légitimité du régime alors en place.

La question « Qu'est-ce qui caractérise une masse ? » fut posée par un philosophe assez peu étudié en France : Elias Canetti. Celui-ci voyait quatre grandes propriétés dans la masse. Une masse est composée d'abord d'éléments homogènes qui sont égaux entre eux. Dans la vague, ce sont les gouttes d'eau. Une masse possède une densité plus ou moins forte. Une masse possède une direction. Enfin une masse doit sans cesse s'accroître sans quoi elle périt.

Si on admet la validité des analyses de Canetti, on voit que la première des propriétés est quasiment impossible à satisfaire chez les philosophes.

Ceux-ci ont en effet une tendance à être individualistes. Ils considèrent bien qu'on puisse travailler dans un collectif, mais ils considèrent également que si les autres membres du groupe peuvent avoir raison, ils n'ont cependant raison que de manière partielle et moins raison qu'eux. L'exemple de Sartre et de Merleau-Ponty, dont François Dosse, en citant Annie Cohen-Solal, dira « qu'ils furent même, un temps, pratiquement interchangeables[1] », est remarquable. Merleau-Ponty produira un livre où il dénoncera « le volontarisme ultra-bolcheviste de Sartre[2] ». Difficile de former une masse quand la lutte entre les ego fait dire à chaque goutte d'eau « ma voix compte plus que la tienne ». Mais malgré cette difficulté, il faut tout de même surveiller. Le risque qu'il y ait une densité n'est jamais complètement exclu. Il est tout à fait possible qu'il y ait une direction générale donnée, comme c'est le cas avec le mouvement structuraliste analysé par François Dosse. Ce dernier mouvement, s'il n'est pas complètement composé de philosophes, produisait un discours qui avait

---

1. *Ibid.*, p. 20.
2. *Ibid.*

des liens forts avec la philosophie. L'une de ces figures de proue, Claude Lévi-Strauss, fut agrégée de philosophie, mais c'est comme ethnologue qu'il se fit connaître. Certains grands philosophes ne partagent pas ce point de vue structuraliste et s'opposent à lui, comme Gilles Deleuze allié à Félix Guattari, dans leur anti-Œdipe qui « va vite faire figure de machine de guerre antistructuraliste et contribuer à l'accélération de la déconstruction en cours du paradigme[1] » selon François Dosse. Mais le fait est que pour Deleuze et pour le structuralisme, on a affaire à des intellectuels ou des philosophes qui forment des masses, qui agrègent des masses d'étudiants autour d'eux, mais également d'autres philosophes. Gilles Deleuze est le philosophe symbole de Mai 1968[8] et l'on sait que pour le pouvoir, cette année-là, le coup n'est pas passé très loin. Il n'a pu se maintenir en place qu'en liquidant son chef, qui démissionna dans des circonstances admissibles selon les codes de l'honneur politique, mais qui ne le fit certainement pas de gaieté de cœur. Deleuze fut évidemment critiqué par un philosophe comme

---

1. *Histoire du structuralisme II*, p. 247.

Luc Ferry. Mais ce dernier ne faisait évidemment pas le poids. De 1968, les contestataires récupérèrent l'université expérimentale de Vincennes et le pouvoir administratif devait naturellement faire quelque chose contre cela. On trouva des trafics de drogue dans l'établissement universitaire. En 1980, le pouvoir décida de raser le site en trois jours en détruisant tout et en ne laissant aucune trace. C'était une manière comme une autre de dire que la philosophie ne sert à rien.

La philosophie a été méthodiquement éliminée de tout débat public en réalité. L'épisode de Vincennes ne constitue jamais qu'un symptôme. On fabrique une forme de délégitimation du discours philosophique pour faire en sorte d'éviter les mouvements subversifs. Or après la seconde Guerre mondiale, par exemple, alors que le pouvoir avait été très affaibli en France en raison de la débâcle de 1940 et un effondrement de la parole politique durant cette période, la philosophie avait d'une certaine façon une situation favorable pour s'exprimer. De fait elle traite toujours des moments de crise. Ainsi, c'est dans un moment de crise en Grèce et à Athènes que Platon produisit son œuvre. C'est un moment de crise dans les sciences quand Descartes écrivit ses *Méditations métaphysiques*, c'en est un dans la politique anglaise quand Hobbes écrivit son *Léviathan*, et c'en est un, en Hollande, quand Spinoza écrivit son *Éthique*. On pourrait multiplier les exemples, mais ce n'est pas la question.

Une crise, c'est le moment d'une décision à prendre dans un avenir incertain. Le discours scientifique veut toujours s'immiscer dans ce genre de problème. On sait pourtant qu'il n'est absolument pas qualifié pour le faire. La science sait. Le discours scientifique déclare avec Socrate : « Je sais que je ne sais rien. » Cette faiblesse est néanmoins une force quand elle reconnaît et sait qu'elle travaille pour de l'incertain. Il faut prendre une décision et on ne sait comment la prendre. La philosophie est alors bien vue.

Le fait est qu'il y avait une crise politique en France après la seconde Guerre mondiale. L'instabilité politique a été partiellement réduite avec la prise du pouvoir par le général de Gaulle en 1958. Mais on s'est aperçu dix années plus tard que tout n'avait pas été réglé. L'entrée dans la société de consommation n'avait pas été vue par les politiques et les problèmes qu'elle engendrait laissaient de nouvelles crises. La philosophie prospérait devant l'impuissance du politique. En France, des écoles, des mouvements divers et variés ont pu apparaître. Le politique a voulu les faire disparaître ainsi que leur tendance subversive autant que possible.

Dans ce contexte, la stratégie la plus habituelle employée par l'État a consisté à faire en sorte qu'on ne prenne pas la philosophie au sérieux. Au fond, personne ne croit vraiment que la pensée ait une efficacité. Le fond plus ou moins réactionnaire de la nature humaine, identifié par Nietzsche et par Max Weber quand il parle de la légitimité traditionnelle, prend toujours le dessus. Finalement, si on prend en compte ce que dit l'historien François Dosse, le mouvement structuraliste sera finalement mort comme figure de pensée de la suite d'une démystification ou d'une désillusion. L'effervescence et l'enthousiasme, toujours naïf qui habite tout début de la pensée, ont cédé la place à une réalité très bête : personne n'a jamais cru que la pensée, l'intelligence ou la réflexion menée dans leur cadre le plus absolu et le plus indépendant apportât quoi que ce soit pour la libération de l'humanité. Il s'agit là de rêve de gamins qui découvrent finalement qu'on a pu leur mentir. Cela a pu prendre des airs cruels avec la fin du structuralisme. François Dosse donne à ce sujet le témoignage amer, mais lucide du philosophe Maurice Godelier :

> Ce qui a disparu, c'est une illusion historique de nos générations : l'idée selon laquelle les outils de la pensée pourraient aussi être les armes de la critique. Ainsi penser le réel et sa transformation pourrait être associé dans un même mouvement historique. Cette idée a explosé, cette auto-illusion, ce narcissisme bien cultivé sont bien finis, même si cela a été douloureux, car certains y ont consacré une vie[1].

Le côté dramatique de la chose tient finalement au constat que tout cela ne sert à rien. Mais l'État ne se contente pas d'attendre la belle mort des mouvements de pensée. Il en empêche également

---

1. *Ibid.*, p. 455.

la naissance par des pratiques administratives en apparence anodines, mais qui en réalité sont pernicieuses et pleines d'effets pour le pouvoir en place. Comme on le sait l'homme politique aime à se maintenir au pouvoir et à y rester le plus longtemps possible. Il est conservateur par essence. Il ne regarde la philosophie qu'avec méfiance. Il peut difficilement la critiquer parce que son côté réactionnaire deviendrait trop visible, mais il ne peut pas la suivre puisqu'elle a une certaine tendance à le remettre en cause. Le problème est donc de savoir comment faire fonctionner cette philosophie : la réponse sera en en faisant des fonctionnaires qui passent des concours qu'on va pouvoir maîtriser. En période de crise du pouvoir politique, il y a évidemment une certaine tendance des philosophes à faire en sorte que ces concours acceptent des gens en mesure de faire vivre la pensée. Mais il est évident que lorsque le pouvoir a réussi à se faire accepter par les tranches les plus dociles de la population et que les dangers du soulèvement sont plus ou moins éliminés, on peut faire en sorte de sélectionner des philosophes dont l'ensemble de la réflexion portera sur le sexe des anges ou autres sujets éculés et sans rapport avec le monde tel qu'il évolue. François Dosse propose ainsi un constat amusant au sujet des examens ou concours de philosophie. On élimine vers la fin des années 1970 les auteurs tels que la triade Marx, Nietzsche, Freud ou les auteurs structuralistes pour revenir massivement à des auteurs de la triade Platon, Descartes, Kant au baccalauréat. On ne peut contester la valeur philosophique de ces derniers auteurs. On peut se demander cependant s'ils ont quelque chose à dire de notre époque et la question se pose toujours, même si on peut répondre de manière positive à cette question.

Mais on peut également se demander si les trois auteurs en question, qui font quasiment figure de personnalités officielles, ne risquent pas de nous entraîner dans une philosophie de « fonctionnaires », c'est-à-dire une philosophie dont les préjugés sont parfaitement favorables à l'État. Or une philosophie qui est habitée par de tels préjugés ne risque-t-elle pas de devenir une simple phraséologie inutile destinée à faire perdurer l'État indéfiniment au lieu de le questionner. C'est ce problème scandaleux d'une philosophie inutile, en raison d'un pouvoir politique qui vit sur ses prébendes, qui est posé par le philosophe Gilles Deleuze dans *Mille Plateaux* :

> Car, en droit, l'État moderne va se définir comme « l'organisation rationnelle et raisonnable d'une communauté » : la communauté n'a plus de particularité qu'intérieure ou morale (esprit d'un peuple), en même temps que son organisation la fait concourir à l'harmonie d'un universel (esprit absolu). L'État donne à la pensée une forme d'intériorité, mais la pensée donne à cette intériorité une forme d'universalité : « le but de l'organisation mondiale est la satisfaction des individus raisonnables à l'intérieur d'États particuliers libres ». C'est un curieux échange qui se produit entre l'État et la raison, mais cet échange est aussi bien une proposition analytique, puisque la raison réalisée se confond avec l'État de droit, tout comme l'État de fait est le devenir de la raison. Dans la philosophie dite moderne et dans l'État dit moderne ou rationnel, tout tourne autour du législateur et du sujet. Il faut que l'État réalise la distinction du législateur et du sujet dans des conditions formelles telles que la pensée, de son côté, puisse penser leur identité. Obéissez toujours, car, plus vous obéirez, plus vous serez maître, puisque vous n'obéirez qu'à la raison pure, c'est-à-dire à vous-même... Depuis que la philosophie s'est assigné le rôle de fondement,

elle n'a cessé de bénir les pouvoirs établis, et de décalquer sa doctrine des facultés sur les organes de pouvoir d'État. Le sens commun, l'unité de toutes les facultés comme centre du Cogito, c'est le consensus d'État porté à l'absolu. Ce fut notamment la grande opération de la « critique » kantienne, reprise et développée par l'hégélianisme. Kant n'a pas cessé de critiquer les mauvais usages pour mieux bénir la fonction. Il n'y a pas à s'étonner que le philosophe soit devenu professeur public ou fonctionnaire d'État. Tout est réglé dès que la forme-État inspire une image de la pensée. À charge de revanche. Et sans doute, suivant les variations de cette forme, l'image elle-même prend des contours différents : elle n'a pas toujours dessiné ou désigné le philosophe, et elle ne le dessinera pas toujours. On peut aller d'une fonction magique à une fonction rationnelle. Le poète a pu tenir par rapport à l'État impérial archaïque le rôle de dresseur d'image. Dans les États modernes, le sociologue a pu remplacer le philosophe (par exemple quand Durkheim et ses disciples ont voulu donner à la république un modèle laïc de la pensée). Aujourd'hui même, la psychanalyse prétend au rôle de Cogitatio universalis comme pensée de la Loi, dans un retour magique. Et il y a bien d'autres concurrents et prétendants. La noologie, qui ne se confond pas avec l'idéologie, est précisément l'étude des images de la pensée, et de leur historicité. D'une certaine manière, on pourrait dire que cela n'a guère d'importance, et que la pensée n'a jamais eu qu'une gravité pour rire. Mais elle ne demande que ça : qu'on ne la prenne pas au sérieux, puisqu'elle peut d'autant mieux penser pour nous, et toujours engendrer ses nouveaux fonctionnaires, et que, moins les gens prennent la pensée au sérieux, plus ils pensent conformément à ce qu'un État veut. En effet, quel homme d'État n'a pas rêvé de cette toute petite chose impossible, être un penseur.

Ce que le pouvoir souhaite avec des populations formées à la pensée au travers d'auteurs comme Descartes, Kant ou Hegel, c'est finalement une chose très simple : que les textes de philosophie traitent de problème du passé et soient traités de façon abstraite : on lit Platon, mais on ne le rattache pas à la cité athénienne ; on lit Kant et Hegel et on ne les rattache pas au problème de l'unification de l'Allemagne. La fabrique du philosophe fonctionnaire est évidemment le meilleur moyen de rendre la philosophie inutile.

Grâce à un travail incessant, répété et admirable de l'administration, on est donc parvenu à la constitution de cet être parfaitement contradictoire : le philosophe fonctionnaire. Appartenant en théorie à une population plutôt subversive, qui renverse l'ordre établi, le philosophe a une certaine tendance à remettre en cause les systèmes de légitimation de l'ordre social qui comporte toujours une part d'arbitraire, y compris la démocratie, comme le montre l'histoire ou comme l'a établi Paul Ricœur dans une formulation qui nous a semblé admirable : il n'est pas de pouvoir sans une formulation symbolique arbitraire destinée à maintenir cet ordre établi. Le propre du fonctionnaire (philosophe ou non), c'est de maintenir cet ordre : il atteint ce point précis où, convaincu de ce qu'il dit et de ce qu'il fait, il prétend commander, alors qu'il ne fait qu'obéir de la manière la plus servile. Il est habité par l'esprit de sérieux. Or le sérieux est-il une propriété inhérente à la philosophie ? La question s'est très sérieusement posée au moment de la modernité.

III.

Le philosophe et le marginal : entre esprit de sérieux et folie.

Les métamorphoses de la raison

A) Du sérieux et de la raison

Il est remarquable que celui qu'on considère le premier philosophe, Socrate, ait été condamné à mort. Une condamnation à mort est quelque chose de sérieux. Mais il est évident qu'elle comporte toujours quelque chose d'indigne. L'organisation qui met à mort organise les choses de manière sacrificielle. Elle conjure une certaine forme de peur.

On peut dire d'une chose qu'elle est sérieuse quand elle veut résoudre un problème d'ordre vital. Le sérieux est lié en réalité au monde du travail. Le travail est en effet un problème d'ordre vital. Les mythes religieux chrétiens rappellent cette collusion du travail et de la vie. D'un point de vue plus rationnel et plus formalisé, d'un point de vue logique, la dialectique du maître et de l'esclave rappelle que le travail est lié à la question de la vie et de l'émancipation. Or le fait que le travail soit un acte de libération, qu'il « rende libre » selon la formule de Hegel, est une prise de conscience fondatrice de la modernité. Finalement les textes des grands économistes comme Adam Smith ou Ricardo ne traitent en dernière analyse que d'une question : celle de la vie et de la mort. Cela pose la question de nos sociétés contemporaines et de leur prétendue dignité quand elles produisent du chômage de masse, c'est-à-dire qu'elles sont organisées intrinsèquement pour exclure un pourcentage de la population de la vie, soit en les contraignant à une vie servile, soit en réduisant considérablement leur espérance de vie. C'est toute la question du sérieux qui est ici posée.

Mais la question du sérieux est une question qui se pose avec l'origine de la philosophie. L'ironie socratique dit, au fond, à ses interlocuteurs : vous n'êtes pas sérieux quand vous dites cela. Vingt-cinq siècles plus tard, le philosophe Maurice Merleau-Ponty dira que « le sens est toujours derrière la lettre et que le sens est toujours ironique[1] ».

Mais il est clair que Merleau-Ponty fut habité par un certain sérieux. Il ne s'agissait pas pour lui de faire un éloge de la gaudriole. Il y a eu dans l'histoire de la philosophie des figures qui faisaient office d'extravagant complet. Pyrrhon, philosophe qui n'écrivit apparemment rien, mais qui fonda la tradition sceptique, avançait sur les routes sans se soucier des obstacles. Tout étant pour lui indifférent à tout, le fait de changer ou non sa trajectoire quand il menait sa vie de soldat dans les armées d'Alexandre lui paraissait assez vain. Il ne s'esquivait pas quand il y avait des éléphants sur son passage, par exemple, et ce sont ses compagnons soldats qui le tiraient des mauvais pas dans lesquels il s'était engouffré. Ce genre d'attitude passe évidemment pour peu sérieuse et ne peut servir de modèle. Mais la position d'un Merleau-Ponty est bien plus complexe. Lecteur de Saussure, il avait vu que pour la linguistique, le sens n'était pas fixé, mais tenait dans une différence entre les signes.

---

1. *Cf. La Prose du monde.*

C'est donc une certaine forme de négativité qui expliquait tout. Cela voulait dire simplement que le réel était traversé de raison et d'imaginaire et qu'il était impossible de faire le départage dans ce mélange. Jürgen Habermas, dans un cadre très peu merleau-pontyen, montrait que la difficulté de la modernité philosophique tenait dans ce problème. Le problème, nous dit-il, dans le langage assez verbeux dont il est coutumier, tient dans le statut « autoréférentielle de la raison ». De quoi s'agit-il ? Il s'agit simplement du fait que pour la raison moderne, la raison tire d'elle-même son propre critère. Autrement dit la raison est à elle-même sa propre justification. Et c'est là une difficulté assez forte qui a poussé de nombreux philosophes à s'interroger sur ce statut. Comment juger de la raison si ce n'est pas par la raison elle-même ? L'une des réponses qui selon Habermas est la réponse nietzschéenne consiste à dire que c'est à partir du mythe que la raison va pouvoir être évaluée. Cette position est naturellement assez complexe.

Après avoir analysé le point de vue de Nietzsche, Habermas présente d'autres œuvres qui reprennent le point de vue nietzschéen tout en lui donnant une inflexion propre. Le problème est toujours celui du caractère autoréférentiel de la raison. Martin Heidegger est analysé et fortement critiqué comme un auteur proposant une philosophie non universelle et réservée à des initiés.

> Dans sa critique de la métaphysique, Heidegger se sert des concepts métaphysiques comme d'une échelle qu'il rejette dès qu'il a grimpé les échelons. Il est vrai que, arrivé en haut de l'échelle, Heidegger ne se retire pas – comme le premier Wittgenstein – dans la contemplation silencieuse du mystique ; visionnaire loquace, il revendique au contraire l'autorité de l'initié[1].

Cette critique apparemment anodine et ne relevant à ce qu'il semble que du simple mépris est une question principale de l'utilité de la philosophie. Au fond, à qui s'adresse la philosophie, à l'humanité en général ou simplement à des initiés ? Nous reviendrons plus tard sur cette question centrale. Pour le moment, revenons au problème du sérieux.

---

1. *Le Discours philosophique de la modernité*, p. 218.

Le problème du sérieux se pose quand on cesse de prendre les choses comme des jeux pour enfants. Le sérieux est vu alors comme une certaine affirmation de la raison. Au contraire, le ludique et le non-sérieux appartiendrait à l'ordre u mythe. Or il est apparu assez rapidement pour tous les philosophes critiques de la modernité que la séparation du mythe et de la raison était difficile à faire. Cela a pu se traduire de différentes manières. Mais la question tournait toujours autour du statut auto-référentiel de la raison.

Comme on l'a vu avec Nietzsche, ce statut a pu être critiqué à partir de l'extérieur de la raison, c'est-à-dire d'un point de vue irrationnel. Le prix à payer était donc impossible à accepter : pour démystifier la raison et toutes les aliénations dont elle serait l'origine, il est nécessaire d'y renoncer purement et simplement. Le prix est exorbitant et le résultat on ne peut plus hasardeux. Nietzsche finira fou, ce qui peut évidemment arriver pour des raisons contingentes. Mais il finira surtout comme le fondateur d'une mythologie avortée. Sa philosophie aura été de ce point de vue un véritable échec. Qui prend à l'heure actuelle la figure de Dionysos au sérieux ?

Cependant il ne faut pas pour autant accorder à la lecture que Habermas fait de Nietzsche une valeur absolue. Le problème du sérieux se pose quand on cesse de prendre les choses comme des jeux pour enfants. Le sérieux est une affirmation de la raison.

Mais on doit accorder un certain crédit à la pensée de Habermas. Ce dernier a parfaitement raison de dire que le problème, c'est finalement celui du statut de la raison et de son rapport avec la mythologie. On ne peut que lui donner raison lorsqu'il montre le caractère actuel du livre *La Dialectique de la raison* de Max Horkheimer et Theodor Adorno. Ce livre en effet montre le rapport chiasmatique entre raison et mythe. Selon la formule des deux auteurs, « Le mythe est déjà Raison et la Raison se retourne en mythologie[1] ». Cette formule chiasmatique fait tout le problème

---

1. *La Dialectique de la raison*, citée dans *Le Discours philosophique de la modernité*, p. 130.

et le mystère de la modernité. Mais elle montre, par la même occasion, tout le problème de l'activité critique. Celle-ci ne peut avoir de valeur que relative si on considère que l'objet critiqué, ce sont les mythes, et que l'instance critique est la raison. Mais toute critique a une validité illégitime si on montre que l'enquêteur est en même temps l'assassin. Or c'est ce qui se produit avec la pensée d'Adorno et de Horkheimer. Le mythe qui apparaît comme le non-sérieux, ce dont Platon ne cessait de dire par ailleurs que c'est un langage destiné aux enfants, est repris par une raison qui en bout d'analyse s'avère être mythique. Ce serpent qui se mord la queue qu'est la philosophie semble devoir tomber dans le ridicule le plus complet ou bien admettre qu'elle doit se mouvoir dans un « medium impur[1] », comme le dit Habermas. Mais on voit bien la difficulté d'un sérieux qui ne l'est finalement pas.

Une autre porte de sortie pour la philosophie et les apories créées par ce statut autoréférentiel de la raison serait d'inverser l'ordre des prééminences

---

1. *Le Discours philosophique de la modernité*, p. 156.

du langage. On considérait d'ordinaire que le seul langage valable, c'était le langage sérieux, incarné depuis Platon et Aristote par le langage de la science et de la logique formelle. Tout autre type de langage pouvait être décrié comme une déviation ludique, mais non comme quelque chose de valable et de sérieux. Or c'est ce point de vue qui demande peut-être à être inversé. C'est ce que Jacques Derrida semble avoir montré.

D'un point de vue philosophique, l'enjeu de la question est considérable. Il consiste finalement à dire : nous avons une sorte de primat, c'est-à-dire un préjugé axiologique qui nous dit que la valeur doit être accordée à la logique qui est une discipline, c'est-à-dire un ensemble de règles normatives sérieuses, et non à la rhétorique qui, elle, n'est qu'un art trompeur ne portant que sur l'aléatoire, le contingent et non le nécessaire. Il faut inverser ce rapport.

On sait que ce problème se posait déjà chez Aristote. Ce dernier écrivit une rhétorique pour montrer qu'il y avait une discipline légitime pour la persuasion dans ce qui concerne les choses contingentes. Le discours scientifique concerne les choses nécessaires ; mais les choses contingentes existent aussi et requièrent un autre type de discours. Le primat de la logique sur la rhétorique et sur le sérieux logique et le non-sérieux rhétorique est ainsi questionné. Habermas cite ainsi J. Culler qui est présenté comme le porte-parole du point de vue de Derrida[1] :

> Si le langage sérieux est un cas particulier du langage non sérieux, si les vérités sont des fictions dont le caractère fictionnel a été oublié, alors la littérature n'est pas une instance dérivée, parasitaire du langage. Au contraire, les autres discours peuvent être présentés comme des cas particuliers d'une littérature généralisée ou d'une archi-littérature[2].

On se souviendra à cet égard que dans la *Phénoménologie de la perception*, Maurice Merleau-Ponty parlait de « style spinoziste ». L'enjeu peut se formuler ici de façon très simple : qui a le

---

1. Ce dernier étant présenté par Habermas comme un auteur intéressant, mais comme un piètre argumentateur. Ce qui peut paraître contradictoire.
2. *Le Discours philosophique de la modernité*, p. 228.

primat entre la philosophie et la littérature. On pourrait se dire : finalement, la philosophie, c'est quelque chose de sérieux, et la littérature, c'est tout le contraire. Mais on s'aperçoit bien vite que ce n'est pas le cas. Il y a peut-être une enveloppe littéraire de toute philosophie. Il va de soi que si on analyse ce rapport dans le jeu du sérieux et du non-sérieux, on peut se dire que l'enveloppe non sérieuse du sérieux rend tout travail sérieux plus ou moins inutile. D'une façon concrète cela signifie que tout discours valable exposé sur la place publique est dénigré au profit d'un discours non valable. Le non-sérieux étant devenu la norme, il n'est pas étonnant qu'il devienne également normatif. Le discours philosophique n'a plus qu'à se retirer de l'espace public et laisser toute la place à la publicité de type commercial. Après tout, si la raison s'appuie sur des normes non rationnelles, on peut vraiment dire que tout est permis. Et s'il n'y a plus de normes de la vérité, de la morale ou même du goût, on peut considérer que la philosophie peut se retirer sur la pointe des pieds : elle ne sert véritablement à rien. Elle ne vaut même pas comme instance critique puisqu'elle est traversée par le mythe et l'imaginaire. Tout le problème est là : l'instance critique est hautement critiquable. Elle est même probablement complètement folle.

B) *La philosophie et la menace de la folie*

Le reproche que Habermas fait à Derrida sera finalement de renverser l'ordre de la rhétorique et de la logique en faisant du langage sérieux un cas particulier du langage non sérieux au lieu de faire de la littérature un cas pathologique d'un langage vrai. Faire de la philosophie un cas particulier de la littérature fait qu'on renonce à une forme d'argumentation. On fera cependant remarquer la faiblesse de l'argumentation de Habermas qui revendique le sérieux, c'est-à-dire le recours à une argumentation de type direct, sans s'interroger sur l'énonciation de ce discours prétendument direct[1].

---

1. Un philosophe comme Maurice Merleau-Ponty demandera dans *La Prose du monde* : Vous voulez un langage direct, mais où le trouvez-vous ? Vous ne pouvez le trouver nulle part. La signification se fait dans la différence entre les signes et non dans une positivité inatteignable. Dire le contraire, c'est maintenir le langage au niveau de la « parole parlée » et non de la « parole parlante » comme le dit la *Phénoménologie de la perception* : « Ou encore on pourrait distinguer une parole parlante

Mais c'est tout de même là que se tient la critique de Habermas :

> Libérée de l'obligation de résoudre les problèmes – comme le recommande Derrida – et détournée à des fins de critique littéraire, la pensée philosophique n'est pas simplement privée de son sérieux, mais encore de sa productivité et de son efficacité. Inversement la faculté de juger de la critique littéraire perd elle aussi de sa puissance, dès lors qu'elle est chargée de critiquer la métaphysique au lieu de tenter de s'approprier les contenus de l'expérience esthétique, comme le croient les partisans de Derrida dans les départements littéraires des universités américaines. En assimilant faussement les deux entreprises, on prive l'une et l'autre de leur substance[1].

---

et une parole parlée. La première est celle dans laquelle l'intention significative se trouve à l'état naissant. Ici l'existence se polarise dans un certain "sens" qui ne peut être défini par aucun objet naturel, c'est au-delà de l'être qu'elle cherche à se rejoindre et c'est pourquoi elle crée la parole comme appui empirique de son propre non-être. La parole est l'excès de notre existence sur l'être naturel. Mais l'acte d'expression constitue un monde linguistique et un monde culturel, il fait retomber à l'être ce qui tendait au-delà. De là la parole parlée qui jouit des significations disponibles comme d'une fortune acquise », p. 253. L'imposture du langage « sérieux » consisterait à s'en tenir au langage parlé et ne jamais rien tenter pour donner du langage parlant.
1. *Le Discours philosophique de la modernité*, p. 247.

On comprend que pour Habermas la philosophie doit avoir un caractère spécifique très marqué. La littérature ne doit pas empiéter sur la philosophie comme la philosophie ne doit pas empiéter sur la littérature : l'une et l'autre ont leur royaume propre. Mais on peut se demander si cette position qui fait de la « thèse philosophique » quelque chose d'indépendant de son énonciation n'est pas quelque peu naïve. Une telle position se fonde en tout état de cause sur l'idée que la tradition philosophique accorde un primat de la logique formelle sur la rhétorique. Habermas présente ainsi comme une évidence quelque chose qui ne cesse de poser question : « le primat de la logique sur la rhétorique, canonisé depuis Aristote[1] ».

Cette déclaration de Jürgen Habermas paraît intenable en ces termes. Aristote distingue bien les sphères logique et rhétorique. Rien n'indique en revanche qu'il y a eu un primat de la logique. C'est la nature du sujet traité qui dira si on doit adopter la logique ou la rhétorique pour le traiter. La

---
1. *Ibid.*, p. 221.

rhétorique est certes moins précise que la logique, mais elle porte sur des sujets qui peuvent paraître plus urgents que ceux de la logique : la question judiciaire et la question politique en général relèvent en effet de la rhétorique. Les décisions qui y sont apportées ne tiennent jamais complètement de la logique scientifique et nécessaire. La position de Derrida qui repose sur une lecture attentive de Saussure et de différents linguistes n'est en réalité pas si absurde qu'il n'y paraît. Congédier une argumentation philosophique en disant qu'elle n'argumente pas sous prétexte qu'elle réhabilite la rhétorique, c'est se priver de l'une des armes de la critique. C'est même tomber dans ce qu'on souhaite le plus éviter : le formalisme vide, ce lieu où la philosophie ne sert vraiment plus à rien. Rappelons la critique de Maurice Merleau-Ponty à ce sujet :

> On a bien raison de condamner le formalisme, mais on oublie d'habitude que ce qui est condamnable en lui, ce n'est pas qu'il estime trop la forme, c'est qu'il l'estime trop peu, au point de la détacher du sens. En quoi il n'est pas différent d'une littérature du sujet, qui, elle aussi, détache le sens de l'œuvre de la structure. Le vrai

contraire du formalisme est une bonne théorie de la parole qui la distingue de toute technique ou de tout instrument parce qu'elle n'est pas seulement moyen au service d'une fin extérieure, et qu'elle a en elle-même sa morale, sa règle d'emploi, sa vision du monde comme un geste révèle toute la vérité d'un homme. Et cet usage vivant du langage est, en même temps que le contraire du formalisme, celui d'une littérature des « sujets ». Un langage, en effet, qui ne chercherait qu'à exprimer les choses mêmes, épuiserait son pouvoir d'enseignement dans des énoncés de fait. Un langage au contraire qui donne notre perspective sur les choses, qui ménage en elles un relief, inaugure une discussion sur les choses qui ne finit pas avec lui, il suscite lui-même la recherche, il rend possible l'acquisition[1].

Merleau-Ponty souligne ainsi que le problème de la philosophie, c'est celui des thèses qui sont énoncées dans le milieu qui les énonce. Sans avoir connu Habermas, il condamne ce dernier en raison de son formalisme. Si le péché capital est le formalisme, chacun se renvoie la balle. Il faut toutefois remarquer que les argumentations de

---

1. *La Prose du monde*, p. 102-103.

Jacques Derrida ou de Maurice Merleau-Ponty sont plus consistantes que celles de Habermas ou éventuellement d'un Jacques Bouveresse. Ce dernier est présenté par François Dosse comme celui qui introduit Ludwig Wittgenstein en France et s'oppose à la réduction de la littérature à son aspect littéraire.

> Le retour à la philosophie emprunte aussi la voie de l'ouverture sur l'étranger avec la philosophie analytique dont l'accès avait été barré en France par l'effervescence structuraliste, qui ne permettait pas d'inclure le Sujet dans le champ des problématisations. Cette percée est bien évidemment facilitée par le reflux du structuralisme, mais aussi par la découverte de l'œuvre de Wittgenstein, notamment grâce aux travaux de Jacques Bouveresse. Au milieu des années quatre-vingt, celui-ci dénonce la tendance des philosophes à se complaire dans la négation de leur identité. Il oppose la pratique de la philosophie dans le monde anglo-saxon comme discipline argumentative, et le statut littéraire de celle-ci en France qui introduit trop souvent une indifférence tant à son contenu qu'à l'argumentation utilisée. Jacques Bouveresse oppose à la philosophie déconstructrice ou ultra-structuraliste

l'exigence de clarté par laquelle Wittgenstein avait défini la spécificité de la philosophie et la différencie de l'esprit de la science et de sa contemporanéité : « aujourd'hui les nouveaux dionysiens vont répétant que nous devons absolument mettre fin au règne de la logique, de la raison et de la science[1] ».

Cette dénonciation de la forme est cependant gênante parce qu'elle fait de la thèse philosophique quelque chose d'absolument indépendant de son énonciation. De ce point de vue-là, elle est plus formaliste que le formalisme qu'elle prétend condamner. Une telle position pose une autre difficulté : elle ignore qu'à l'époque des Lumières, époque de consécration de la philosophie et époque qui argumentait en philosophie, la littérature était utilisée massivement, comme en témoigne *Le Neveu de Rameau* de Denis Diderot.

L'époque des Lumières avait parfaitement montré qu'un usage philosophique de la littérature était possible. L'ouvrage de Diderot est, deux siècles avant les critiques de Habermas ou

---

1. *Histoire du structuralisme II*, p. 332-333.

de Bouveresse, une sorte de démenti de ces positions. La philosophie peut passer par la littérature et n'est, en tout état de cause, jamais indifférente aux conditions de son énonciation. Par ailleurs, *Le Neveu de Rameau* pose une autre difficulté : lorsque Jacques Bouveresse s'oppose à Michel Foucault, il le fait au nom de l'argument suivant : on ne traite de la norme qu'au travers du cas complètement marginal. Ce qui est normal, au sens de ce qui est habituel et commun, n'est jamais vu comme normatif. Ce qui est au contraire encensé, c'est l'exception. Le problème viendrait donc de ce qu'on a valorisé le marginal, alors qu'au contraire, la philosophie jusqu'alors était normative à partir de la norme moyenne.

Mais on peut évidemment se demander si suivre la normativité de la société n'est pas tomber dans la « médiocrité » comme dirait Nietzsche, ou simplement laisser dans l'ombre ceux qui souffrent du fait de l'excès de normalité des sociétés comme le dirait Michel Foucault.

On fera remarquer par ailleurs que l'ouvrage *Histoire de la folie* de Michel Foucault ne prétend pas ériger le fou en norme de l'humain. Il consiste simplement à demander : Puisque la raison constitue des normes et que la folie est comprise comme déraison, quelles sont les normes qu'on applique maintenant à cette déraison ? Or il est de fait que l'ouvrage de Foucault est extrêmement concret et que toute personne ayant à vivre dans un hôpital psychiatrique de nos jours saisit l'actualité des analyses de l'historien-philosophe.

Mais la question du rapport de l'exception à la norme est justement le grand problème du *Neveu de Rameau*. Que le neveu de Rameau soit fou, il ne cesse de le proclamer lui-même :

> Vous savez que je suis un ignorant, un sot, un fou, un impertinent, un paresseux, ce que nos bourguignons appellent un fieffé truand, un escroc, un gourmand...
> Moi : – Quel panégyrique.
> Lui : – Il est vrai en tout point. Il n'y en a pas un mot à rabattre[1].

Le Neveu de Rameau, c'est d'abord le discours anticartésien par excellence. Au *cogito*, le neveu opposera toujours un « je suis fou, je ne pense

---
1. *Le Neveu de Rameau*, p. 44.

pas ». Je ne fais que produire un discours ordurier et immonde. Le neveu n'est pas un philosophe, mais il discute avec un philosophe. Il inquiète la philosophie par son discours. La question reste toujours de savoir où est la norme. *Le Neveu de Rameau* n'est pas simplement un texte écrit au XVIIIe siècle. Il est le bréviaire de toute société en phase de décomposition qui aperçoit qu'elle a engendré une folie dans le tissu de raison qu'elle croyait produire. En un sens, toute philosophie est la répétition du *Neveu de Rameau* : texte littéraire, c'est-à-dire soucieux de sa forme et de son énonciation, en vue d'orienter son contenu, il est la voix de la folie qui habite la raison et de la raison qui habite la folie. Le chiasme est ici absolument parfait.

Remis en cause du « je », du « moi » et de l'ego qui se croyait souverain avec Descartes, il impose à l'individu, mais aussi à la société, une blessure narcissique assez grave. Il y a quelque chose qui ne tourne pas rond dans ces sociétés hypocrites qui se prétendent altruistes, mais qui ne valorise que les égoïsmes :

> Ho, sans remords. On dit que si un voleur vole l'autre, le diable s'en rit. Les parents regorgeaient

d'une fortune acquise, Dieu sait comment ; c'étaient des gens de cour, des financiers, de gros commerçants, des banquiers, des gens d'affaires. Je les aidais à restituer, moi, et une foule d'autres qu'ils employaient comme moi. Dans la nature, toutes les espèces se dévorent ; toutes les conditions se dévorent dans la société. Nous faisons justice les uns des autres, sans que la loi s'en mêle. La Deschamps, autrefois, aujourd'hui la Guimard venge le prince du financier ; et c'est la marchande de modes, le bijoutier, le tapissier, la lingère, l'escroc, la femme de chambre, le cuisinier, le bourrelier, qui vengent le financier de la Deschamps. Au milieu de tout cela, il n'y a que l'imbécile ou l'oisif qui soit lésé, sans avoir vexé personne ; et c'est fort bien fait. D'où vous voyez que ces exceptions à la conscience générale, ou ces idiotismes moraux dont on fait tant de bruit, sous la dénomination de tours du bâton, ne sont rien, et qu'à tout, il n'y a que le coup d'œil qu'il faut avoir juste[1].

Le Neveu de Rameau, c'est la philosophie qui s'en prend sévèrement à la société en la dénonçant comme folle dans un discours lui-même fou. On dira que le neveu de Rameau n'est pas philosophe,

---

1. *Ibid.*, p. 63.

mais ne fait que discuter avec lui. Cette objection est de même nature que celle qui dit que Calliclès n'est pas la voix de la philosophie, mais que c'est Socrate, et lui seul, qui peut nous informer sur la nature de la raison. Une telle position est sans doute tenable dans le réconfort de la pensée du philosophe fonctionnaire. Elle est probablement insuffisante.

Le Neveu de Rameau est là pour introduire le malaise : malaise de la pensée brute qui se passe absolument de toute médiation, malaise du vide des sociétés, malaise de la raison qui se sent assaillie de toute part par la déraison et la folie. Dans le texte de Diderot se joignent donc l'empirique et le transcendantal. L'empirique, c'est la situation de ce neveu qui, en même temps qu'il fait pitié et suscite le dégoût, éveille une force qui est celle de la vérité : vérité d'une philosophie qui sent bien que toute la mascarade de la raison n'est pas simplement celle d'être habitée par le mythe, mais surtout d'être jointe de façon nécessaire à la folie en tant que déraison. Par *Le Neveu de Rameau*, la folie, et pas simplement la bêtise, accède au rang d'entité transcendantale : celle d'un discours philosophique qui disant le langage de la vérité est amené à dire le caractère fou de toute société humaine. Cette parole crue, nue, sans médiation et sans nuance est ce qui fait trembler la société : elle est en réalité une parole de vérité. Le dégoût du philosophe pour *Le Neveu de Rameau*, c'est le dégoût d'un homme qui reconnaît dans le neveu sa propre image dans le miroir. Cela constitue une humiliation narcissique sans précédent.

Michel Foucault signale ainsi toute l'impuissance et le malaise que suscite le personnage de Diderot pour une philosophie qui, sans ce texte, se serait sans doute complu dans la naïve certitude de l'obtention de la vérité à la fin de l'odyssée cartésienne. En réalité, si on veut être sérieux, on voit bien que la suprême affirmation de la raison est folie :

> Être soi-même ce bruit, cette musique, ce spectacle, cette comédie, se réaliser comme chose et comme chose illusoire, être par là non seulement chose, mais vide et néant, être le vide absolu de cette absolue plénitude par laquelle on est fasciné de l'extérieur, être finalement le vertige de ce rien et de cet être dans leur cercle volubile, et l'être à la fois jusqu'à l'anéantissement total d'une conscience esclave et jusqu'à

la suprême glorification d'une conscience souveraine – tel est sans doute le sens du *Neveu de Rameau*, qui profère au milieu du XVIIIe siècle, et bien avant que ne soit totalement entendue la parole de Descartes, une leçon bien plus anticartésienne que tout Locke, tout Voltaire ou tout Hume[1].

Dans la mesure où la philosophie est le contraire même de ce qu'elle prétend être, c'est-à-dire raison, dans la mesure où son objet et unique sujet est de contrôler cette essence incontrôlable qui a été identifiée par Spinoza, Nietzsche ou Merleau-Ponty, qui est celle du désir et qu'elle ne peut y parvenir parce que les règles du jeu de la société sont celles de l'excédent du désir et jamais celles de sa modération, on peut évidemment se demander à quoi tout cela sert.

La question se pose d'ailleurs au niveau du discours public. Cette question est au centre du *Neveu de Rameau*. Le neveu n'est finalement fou que d'être impudique. Diogène se masturbait sur la place publique. Le neveu quant à lui exhibe un discours que les convenances sociales exigent

---

1. *Histoire de la folie*, p. 368.

de maintenir cachées. Son impudeur consiste à se vanter de son vice : « On loue la vertu, mais on la hait ; mais on la fuit ; mais elle gèle de froid ; et dans ce monde il faut avoir les pieds chauds[1]. »

Le propos du neveu n'est pas simplement de dénoncer une hypocrisie, il est celui de mettre à jour la contradiction entre le discours qu'on pourrait dire officiel et celui qui est tacitement reconnu comme valable, mais inadmissible d'un point de vue moral. C'est peut-être là qu'on trouve la dernière difficulté concernant la philosophie : celle du décalage entre le discours privé de recherche de la sagesse et le discours universel tenu sur l'agora.

Que les philosophes aient décidé de se retirer de l'agora et de vivre dans un jardin, ce n'est pas rare. C'est ce que nous allons montrer.

C) *Le philosophe et le jardin :*
ou comment se retirer de l'espace public
car l'air y est vicié

On se souvient de la leçon de Candide : « Il faut cultiver notre jardin. » On peut comprendre

---

1. *Le Neveu de Rameau*, p. 69.

cette formule de différentes manières. Candide a fait le tour du monde et a fait l'épreuve que la philosophie de Pangloss, « tout est pour le mieux dans le meilleur des mondes », n'est qu'une vulgaire idéologie sans consistance. Les idéologies sont peut-être des illusions inévitables comme le disait Paul Ricœur. Mais ces illusions peuvent être détruites. L'épreuve de la réalité peut être émancipatoire. Mais il faut pour cela se retirer dans son jardin, c'est-à-dire quitter l'espace public et ne pas parader en lui.

Il est remarquable que les moments de crise soient des moments féconds pour la philosophie. Après la mort d'Alexandre le Grand, il se produisit un pli important dans la pensée philosophique. Le philosophe qui occupait l'espace public commença à se retirer dans des citadelles impénétrables. Le discours philosophique, qui actait la décadence d'Athènes avec la philosophie de Platon et la mélancolie suivant la perte du monde des *logoi*, c'est-à-dire des idées, d'une part, qui constatait avec Aristote que le monde des faits devenait de plus en plus aléatoire, d'autre part, et, enfin, qu'il fallait s'en remettre, non à la science, mais à la prudence pour agir au moment de l'effervescence politique qui voyait la montée de la Macédoine et son apogée, avait éclaté en trois types de discours hétéroclites à la mort du roi de Macédoine.

La philosophie hellénistique est ce cadre philosophique qui est né après la mort d'Alexandre le Grand. Aristote mourut une année après son illustre élève. L'ancien monde n'était plus. Il n'en restait que des lambeaux. Mais ce chaos et l'impossibilité de constituer les conquêtes d'Alexandre en empire virent une sorte de morcellement du monde qui allait de la Macédoine à l'Inde[1]. L'Empire fut partagé par des diadoques. C'est une sorte de pouvoir oligarchique qui succéda à une monarchie plus ou moins mal réglée précédemment. La tendance alla donc à un creusement des inégalités dans les classes dites moyennes de la population. Aristote avait déclaré que « La vertu est une médiété » dans son *Éthique à Nicomaque*. La perfection, l'excellence humaine tenaient donc à la capacité à rester

---

1. On remarquera que cette région du monde, longue de plusieurs milliers de kilomètres, reste encore à l'heure actuelle la plus tumultueuse du monde. Jusqu'à présent, on peut s'apercevoir d'un point de vue strictement empirique, qu'elle est vouée à l'instabilité politique.

au milieu entre deux excès. Il s'agissait probablement là d'une façon de flatter sociologiquement les classes moyennes, même si Aristote ne connaissait pas cette science qu'on appelle aujourd'hui la sociologie. Mais cette façon de flatter la masse la plus importante des citoyens constituait un équilibre social qui vola en éclats après les excès positifs et négatifs de la politique d'Alexandre.

En réaction à la constitution des normes oligarchiques qui suivirent la mort d'Alexandre, on vit apparaître des philosophies prônant une forme d'ascèse. On peut noter l'apparition de trois écoles : l'épicurisme, le stoïcisme et le scepticisme.

La première école en question est celle qui nous intéressera ici pour une raison précise : l'école épicurienne est une école qui déserta l'espace public. Elle refusa la *paideia*, c'est-à-dire le système éducatif grec, qu'il jugeait être artificiel et relevant de la vantardise. Il critiquait ainsi la culture grecque[1] et y opposait une forme d'étude de la nature :

---

1. La même que celle que nous valorisons aujourd'hui avec notre ministère de la Culture : distribution de subventions et de décora-

> Elle ne forme ni des vantards, ni des fabricants de formules, ni des individus exhibant la culture convoitée du grand nombre, l'étude de la nature, mais des hommes vifs, qui se suffisent, et fiers des biens qui leur sont propres, non des biens d'occasions[1].

La philosophie ne sert à rien tant qu'elle n'est que vantardise, c'est-à-dire exhibition d'une prétendue originalité philosophique dans l'espace public. Elle doit se retirer dans le jardin. Il est remarquable de ce point de vue-là qu'on ait à l'heure actuelle que très peu d'informations sur l'œuvre d'Épicure. Nous savons que cette œuvre fut considérable et composée d'un nombre important de livres. Certains parlent de plus de trois mille. Mais à l'heure actuelle, nous n'avons plus accès qu'à quelques lettres ou à quelques témoignages.

On pourra dire d'une certaine manière qu'on avait affaire à une philosophie qui valori-

---

tions pour faire croire que quelque chose comme de la culture existe.
1. *Sentences vaticanes*, 45.

sait l'époque présente et qui ne se souciait pas de transmettre le contenu de sa doctrine. Cela donna néanmoins une certaine vision mélancolique de cette philosophie vouée à disparaître. Le philosophe Friedrich Nietzsche rappelle le caractère cruel de cette philosophie qui se venge en se refermant sur elle-même et proposant cependant la seule attitude philosophique valable : celle d'une philosophie proposant une philosophie du bonheur en s'appuyant sur la médecine de l'âme. Nietzsche le rappelle ainsi :

> Comme les philosophes peuvent être méchants ! Je ne connais rien de plus perfide que la plaisanterie qu'Épicure s'est permise à l'égard de Platon et des Platoniciens ; il les a appelés *Dionysiokolakes*. Cela veut dire d'abord et selon l'étymologie « flatteurs de Dionysos », acolytes de tyran, vils courtisans ; mais cela signifie encore « un tas de *comédiens*, sans ombre de sérieux » (car *Dionysiokolax* était une désignation populaire du comédien). Et c'est surtout dans cette dernière interprétation que se trouve le trait de méchanceté qu'Épicure décocha à Platon : il était indigné de l'allure grandiose, de l'habileté à se mettre en scène, à quoi s'entendaient Platon et ses disciples – à quoi ne s'entendait pas Épicure, lui, le

vieil instituteur de Samos qui écrivit trois cents ouvrages, caché dans son petit jardin de Samos. Et, qui sait ? peut-être ne les écrivit-il que par dépit, par orgueil, pour faire pièce à Platon ? – Il fallut cent ans à la Grèce pour se rendre compte de ce qu'était Épicure, ce dieu des jardins. – Si tant est qu'elle s'en rendît compte[1]...

Fuir l'espace public, c'est finalement la seule chose envisageable pour une philosophie digne de ce nom. La vantardise philosophique est ce qui conduit à la plus grande stupidité. Aujourd'hui encore, le philosophe valable a tendance à fuir cet espace public qu'on voit envahi par les macarons frais et leurs discours comme le dit Spinoza, sans joie. La joie, dit Spinoza, est le passage d'une moindre à une plus grande perfection. Dans le cadre d'une philosophie, on attend donc qu'elle donne à penser. On attend que l'âme soit vivifiée par un discours. Ce n'est pas ce qui se passe par exemple avec Michel Onfray. La seule chose qu'on comprenne après l'avoir lu est qu'il n'y a là que platitude sans nom. Une telle philosophie reste un art d'enfoncer les portes ouvertes. Sa dimension critique étant nulle,

---

1. *Par-delà le bien et le mal*, 7.

on peut comprendre qu'il squatte l'espace public télévisuel sans déranger personne. Les macarons frais sont les deux espèces de mignardises ridicules qu'on sert aux « vils courtisans ». Mais la véritable philosophie, utile, intéressante, puissante, reste, quant à elle, réservée à des cercles fermés.

Pourquoi la philosophie ne sert-elle à rien ? Reprenons donc la question à son début.
La philosophie ne sert pas : a) pour la science qui construit très bien son discours sans elle ; b) pour la politique dont le discours est toujours un discours imaginaire oscillant entre les deux pôles de l'imaginaire collectif : l'utopie et l'idéologie ; c) pour fixer les valeurs. Les valeurs se fixent très bien elles-mêmes ; d) pour éviter la folie. *Le Neveu de Rameau* est la figure de l'esprit qui montre l'identification du discours philosophique au discours fou. L'indignation du philosophe pour le fou, c'est finalement l'indignation de celui qui reconnaît sa propre image dans le miroir.

Mais à ce tableau quelque peu noir, on peut opposer que la philosophie possède une utilité absolue pour celui qui se retire de l'espace public et qui entreprend des activités de démystification. Elle sert même dans ce cas au bonheur.

À l'opposé de ce que disait Calliclès, on trouve le début de la lettre à Ménécée d'Épicure :

> Que personne parce qu'il est jeune ne tarde à philosopher, ni parce qu'il est vieux ne se lasse de philosopher ; car personne n'entreprend ni trop tôt, ni trop tard de garantir la santé de l'âme. Et celui qui dit que le temps de philosopher n'est pas encore venu, ou que ce temps est passé, est pareil à celui qui dit, en parlant du bonheur, que le temps n'est pas venu ou qu'il n'est plus là. En sorte qu'il faut philosopher lorsqu'on est jeune et lorsqu'on est vieux, dans un cas pour qu'en vieillissant on reste jeune avec les biens, par la reconnaissance que l'on éprouve pour ce qui est passé, dans l'autre cas pour que l'on soit à la fois jeune et vieux en étant débarrassé de la crainte de ce qui est à venir. Il faut donc avoir le souci de ce qui produit le bonheur, puisque s'il est présent, nous avons tout et que s'il est absent nous faisons tout pour l'avoir[1].

Il y a donc une dimension médicale de la philosophie. La philosophie vise finalement la grande

---
1. *Lettre à Ménécée*, 122.

santé. Mais elle la vise essentiellement au présent. Le bonheur dont les philosophes fonctionnaires considèrent avec Kant qu'il est congédié (parce qu'il ne correspondrait à aucun concept, ce qui est une argumentation absurde) et qu'il faut non pas être heureux, mais se « rendre digne d'être heureux » (pour traduire cela en langage français : « il faut travailler pour l'oligarque du coin pour qu'il puisse gagner beaucoup d'argent ») est ici vu comme le centre et le but de toute philosophie. La solution épicurienne passe par le *tetrapharmakos* qui s'énonce ainsi : « Le dieu n'est pas à craindre ; la mort ne donne pas de souci ; et tandis que le bien est facile à obtenir, le mal est facile à supporter[1]. »

Contre la farce qui consiste à toujours opposer la « complexité[2] » à la simplicité du bonheur, Épicure oppose le t*etrapharmakos* : un traitement médical opposé à l'absence d'esprit critique entre-

---

1. Philodème énonce ici de façon très ramassée le *tetrapharmakos* dans son ouvrage *Contre les sophistes*.
2. Terme inventé par les énarques qui se prennent pour des intellectuels qui veulent expliquer que les galimatias de la réglementation qu'ils ont mis en place sont justifiés dans les faits. C'est en regardant un énarque parler qu'on comprend, avec Nietzsche, pourquoi le but du *Gai Savoir*, « c'est de faire du tort à la bêtise ».

tenu par la formation de l'époque. En Grèce antique on appelait cela *paideia*, aujourd'hui on appelle cela école de la République, ce qui dans un cadre épicurien ne change pas grand-chose à l'affaire. On est toujours dans le conditionnement disciplinaire.

Épicure revint donc dans son jardin. C'est-à-dire qu'il prit congé de l'ordre public parce qu'il considérait que cet ordre était vicié. Comme on le sait, il décida de refermer la philosophie sur une pratique individuelle du désir dans un cadre communautaire. Dans une société de nature capitaliste, l'entreprise de démystification à laquelle il procède à l'égard des désirs est évidemment mortelle. Mais cette mort n'est évidemment pas celle du philosophe ou de celui qui se comporte en philosophe. Cette mort est celle d'un ordre capitaliste[1]. Comment survivrait le capitalisme à un ordre philosophique ? Il n'y survivrait probablement pas.

---

1. On utilise ici ce terme non pour désigner quelque chose de très précis, mais simplement pour désigner un cadre général et global qui est celui de la société marchande.

La question du désir est une question interne à la philosophie et à la société marchande. Le marchand joue avec le désir de l'autre pour le forcer à échanger. Dans un ordre capitaliste, il n'a évidemment pour unique dessein que l'enrichissement personnel du marchand. Ce dernier regarde donc avec une certaine réticence la valorisation d'un esprit critique individuel. Et cela d'autant plus lorsque la référence ultime est vue comme la nature. Il est évident que dans une société où ce sont les biens naturels qui sont consommés, la société de consommation disparaît comme une vaste supercherie. Mais cette supercherie ne peut disparaître qu'à partir du moment où une discipline du désir est instaurée.

Mais si cette société de désir vain est retirée, alors on risque l'effondrement de la société de consommation et donc il faut faire quelque chose contre la philosophie elle-même. Relisons pour cette raison la classification des désirs proposés par Épicure. Elle explique à la fois pourquoi la philosophie est absolument souveraine et à la fois pourquoi elle est dangereuse et elle ne sert à rien. La philosophie n'y est pas vue comme une théorie de la connaissance ou comme une théorie du beau. Elle est réduite à une éthique, c'est-à-dire une pratique du bien-fondé sur une observation précise et radicale de la nature.

> Et il faut voir, en raisonnant par analogie, que parmi les désirs, certains sont naturels, d'autres vides, et que parmi ces désirs naturels, certains sont nécessaires, d'autres seulement naturels : et parmi les désirs nécessaires, certains sont nécessaires au bonheur, d'autres à l'absence de perturbations du corps, d'autres à la vie même. En effet, une observation sans détour de ces distinctions sait rapporter tout choix et tout refus à la santé du corps et à l'ataraxie, puisque telle est la fin de la vie bienheureuse[1].

On voit bien ainsi que la philosophie fonctionne comme une œuvre de démystification. Les mythes ne fonctionnent pas seulement au niveau des discours qui seraient vrais ou faux. Ils fonctionnent au niveau des désirs. La philosophie reste une discipline du désir, une discipline de contrôle de soi. Dans des sociétés comme les nôtres où l'espace

---
1. *Lettre à Ménécée*, 127 - 128.

public est vicié et acheté (au moyen de la publicité commerciale par exemple) par des êtres parfaitement méprisables, il est clair que la philosophie dans la sphère publique ne sert à rien. Elle ne sert que dans le repli communautaire du jardin de style épicurien. Elle est une communauté d'amis. L'ami, c'est cet être auquel j'ai accès sans les perversions de la vie sociale. Mais on peut se demander si un tel être existe ou bien s'il ne s'agit pas encore d'une utopie.

Pour conclure
et ne pas trop conclure

La philosophie ne sert à rien dans le monde scientifique qui est bien assez autonome pour fonctionner tout seul. Le discours scientifique n'a pas à chercher son fondement en dehors de lui-même. Et d'une certaine manière cet état de fait a balayé l'intérêt de la philosophie.

On peut considérer comme le dit Nietzsche que quelque chose a changé dans la vie humaine quand le « préjugé » à l'égard du travail s'est modifié. On a considéré que cette activité considérée jadis comme servile devait occuper toute la place.

Et ce changement, ce pli dans les préjugés et la mutation que cela implique, a ravalé la philosophie au rang d'activité inutile.

Mais on dira que cela n'est que partiellement vrai et que la mutation en question n'implique qu'un changement dans l'ordre de la philosophie. Il est vrai que la philosophie a pu tourner et osciller depuis que les spéculations métaphysiques ont cessé d'occuper le devant de la scène. On parle d'une philosophie post-métaphysique et moderne. Mais rien n'indique que la philosophie qui est passée par là soit une activité de même nature que la précédente. On peut ici répéter les analyses et les questions posées par Jürgen Habermas :

> Dès cette époque, la philosophie s'engageant sur la voie d'une critique de la science qu'emprunteront le dernier Husserl, Bachelard, et, plus tard, Foucault retrouve sa compétence de juger l'époque. Reste à savoir si une telle *philosophie* est bien la même que celle qui, comme c'était le cas chez Hegel, surmontait la différenciation, dont son concept était l'objet entre philosophie d'école et philosophie universelle. Peu importe le nom sous lequel elle se présente – ontologie fondamentale, critique, dialectique, négative, déconstruction ou généalogie – ces pseudonymes ne sont nullement des travestissements qui ne feraient que cacher la forme traditionnelle de la philosophie ; je dirais plutôt que ce large plissé

des conceptions philosophiques sert à habiller une fin de la philosophie en la dissimulant à peine[1].

Oui, le constat est amer pour celui qui s'intéresse aux questions philosophiques. Mais comme le disait Calliclès, si on veut occuper les places en vue dans la cité, il est temps de passer à autre chose. Si on veut exercer une activité critique, on peut passer par la leçon épicurienne : retrait de l'espace public tenu pour plus ou moins méprisable et critique des désirs non naturels. Qu'on la considère comme discours infantilisant ou comme discours autonome, la philosophie ne sert de fait à rien. Son esprit critique est menaçant pour une cité qui n'est pas prête à accepter qu'elle en manque. Il lui faut donc trouver des discours de substitution, des fausses philosophies.

---

1. *Le Discours philosophique de la modernité*, p. 63.

Bibliographie

Canetti, Élias : Masse et puissance. Paris. 1966. Gallimard. Titre original : Masse und Macht. Hamburg 1960. Claassen Verlag.

Deleuze, Gilles ; Guattari, Félix. L'anti-Œdipe. Paris. 1972/1973. Minuit.
Deleuze Gilles. Mille plateaux. Paris. 1980. Minuit.
Deleuze Gilles. Nietzsche et la philosophie. Paris. 1962. Presses Universitaires de France.
Deleuze, Gilles. Différence et répétition. Paris. 1968. Presses Universitaires de France.

Diderot, Denis. Le Neveu de Rameau et autres dialogues philosophiques. Paris. 1972. Gallimard.

Dosse, François. Histoire du structuralisme. I le Champ du signe. Paris. 1992. La Découverte.
Dosse, François. Histoire du structuralisme. II Le Champ du cygne. Paris 1992. La Découverte.

Epicure. Sentences vaticanes.

Epicure. Lettre à Ménécée.

Febvre, Lucien. Le problème de l'incroyance au XVIe siècle. La religion de Rabelais. Paris. Albin Michel. 1942.

Foucault, Michel. Histoire de la folie à l'âge classique. Paris. 1972. Gallimard.

Habermas, Jürgen. Le discours philosophique de la modernité. Paris 1988. Gallimard. Titre original : Der philosophische Diskurs der Moderne : 12 Vorlesungen. Frankfurt am Main. 1985. Suhrkampf Verlag.

Horkheimer, Max ; Adorno, Theodor. w : la dialectique de la raison. Titre original : Dialektik der Aufklärung. Philosophische Fragmente. Amsterdam 1947

Jaspers, Karl. Les Grands philosophes, I (Socrate-Bouddha-Confucius-Jésus). Paris. 1989. Plon. Titre original : Die großen Philosophen. Nachlass, Bd. 1. München 1981.

Kant, Emmanuel. Œuvres philosophiques I. Paris 1980. Gallimard. Bibliothèque de la pléiade.

Marx, Karl : Œuvres III. Paris. 1982. Gallimard. Bibliothèque de la pléiade.

Merleau-Ponty, Maurice : Éloge de la philosophie. Paris, 1953. Gallimard.
Merleau-Ponty, Maurice : l'institution, la passivité. Notes de cours au Collège de France, Belin 2003
Merleau-Ponty, Maurice : les aventures de la dialectique. Paris. 1955. Gallimard.
Merleau-Ponty, Maurice : La prose du monde. Paris, 1969, Gallimard.
Merleau-Ponty, Maurice : phénoménologie de la perception. Paris, 1945, Gallimard.

Nietzsche, Friedrich : Aurore. Paris. 1970. Gallimard. Titre original : Morgenröte.
Nietzsche, Friedrich. Le gai savoir. Paris. 1997. Flammarion. Titre original : Die fröhliche Wissenschaft.
Nietzsche, Friedrich : Schopenhauer éducateur. Paris. 1990. Gallimard. Titre original : Unzeigemässe Betrachtungen. III. Schopenhauer als Erzieher.
Nietzsche Friedrich : Par-delà le bien et le mal. Paris. 2000. Flammarion. Titre original : Jenseits von Gut und Böse.

Platon. Gorgias. Paris. 1987. Flammarion

Ricoeur, Paul. Du texte à l'action. Essais d'herméneutique II. Paris. 1986. Le Seuil.

Spinoza, Baruch. Traité de la réforme de l'entendement.
Spinoza, Baruch : Éthique.

Voltaire : Candide.

Table des matières

La réponse des philosophes
et du monde intellectuel........................... 9

I. Philosophie et monde moderne.............. 17
    A) *La mise hors jeu*
        du discours philosophique 17
    B) *Les philosophes voudraient,*
        mais ne peuvent fixer les valeurs 30

II. Philosophie et travail, philosophie et folie... 45
Un homme perdu dans la masse 45
    A) *Le travail constitue*
        la meilleure des polices 45
    B) *Emballement et effervescence :*
        de cette philosophie
        qui devient dangereuse pour la bêtise
        et comment la combattre................. 72

III. Le philosophe et le marginal :
  entre esprit de sérieux et folie 99
Les métamorphoses de la raison 99
  A) *Du sérieux et de la raison* 99
  B) *La philosophie et la menace de la folie* ... 110
  C) *Le philosophe et le jardin :
      ou comment se retirer
      de l'espace public car l'air y est vicié* 124

Pour conclure et ne pas trop conclure 139

Bibliographie 143

Composition et mise en pages
Nord Compo à Villeneuve-d'Ascq

www.ingramcontent.com/pod-product-compliance
Lightning Source LLC
Chambersburg PA
CBHW021004090426
42738CB00007B/648